MANTRAS SIMPLES E PODEROSOS PARA O SEU DIA A DIA

Sherianna Boyle, MED, CAGS

MANTRAS SIMPLES E PODEROSOS PARA O SEU DIA A DIA

Tradução
Gilson César Cardoso de Sousa

Editora Pensamento
SÃO PAULO

Título do original: *Mantras Made Easy*.
Copyright © 2017 F+W Media, Inc.
Publicado mediante acordo com Adams Media, da F+W Media, Inc. Company, 57 Littlefield Street, Avon, MA 02322 – USA.
Copyright da edição brasileira © 2019 Editora Pensamento-Cultrix Ltda.
1ª edição 2019 / 3ª reimpressão 2021.

Todos os direitos reservados. Nenhuma parte deste livro pode ser reproduzida ou usada de qualquer forma ou por qualquer meio, eletrônico ou mecânico, inclusive fotocópias, gravações ou sistema de armazenamento em banco de dados, sem permissão por escrito, exceto nos casos de trechos curtos citados em resenhas críticas ou artigos de revista.

A Editora Pensamento não se responsabiliza por eventuais mudanças ocorridas nos endereços convencionais ou eletrônicos citados neste livro.

Editor: Adilson Silva Ramachandra
Gerente editorial: Roseli de S. Ferraz
Produção editorial: Indiara Faria Kayo
Editoração eletrônica: Join Bureau
Revisão: Luciana Soares da Silva

Dados Internacionais de Catalogação na Publicação (CIP)
(Câmara Brasileira do Livro, SP, Brasil)

Boyle, Sherianna
    Mantras simples e poderosos para o seu dia a dia / Sherianna Boyle; tradução Gilson César Cardoso de Sousa. – São Paulo: Editora Pensamento, 2019.

    Título original: Mantras made easy
    Bibliografia.
    ISBN 978-85-315-2080-8

    1. Desenvolvimento pessoal 2. Espiritualidade 3. Mantras I. Título.

19-28222   CDD-203.7

Índices para catálogo sistemático:
1. Mantras: Prática diária 203.7
Maria Paula C. Riyuzo – Bibliotecária – CRB-8/7639

Direitos de tradução para o Brasil adquiridos com exclusividade pela EDITORA PENSAMENTO-CULTRIX LTDA., que se reserva a propriedade literária desta tradução.
Rua Dr. Mário Vicente, 368 – 04270-000 – São Paulo – SP
Fone: (11) 2066-9000
http://www.editorapensamento.com.br
E-mail: atendimento@editorapensamento.com.br
Foi feito o depósito legal.

Dedicatória

Bem no fundo do seu coração, existe um altar sagrado.
Vá até lá agora, e eu encontrarei você. Juntos, recitaremos
estas palavras, estes sons e frases em nome do amor.

– Sherianna

Este livro é dedicado ao grande Thomas Ashley-Farrand, que trouxe vários mantras sagrados para o Ocidente, e a todos os meus mestres espirituais – aqueles que conheci e aqueles que não cheguei a conhecer. Vocês sabem de quem estou falando. Obrigada. A Karen Cooper e Laura Daly por seu apoio incondicional e fé no projeto. Às minhas filhas, Megan, Mikayla e Makenzie, entrego a vocês o dom dos mantras com muito amor. À minha mãe, por comparecer às minhas aulas de yoga, e ao meu querido pai. Por fim, a você – o leitor, a alma. Saiba que essas oferendas vão muito além de mim. Seu interesse pelo livro não é casual, como não o é também nossa conexão.

Sumário

Introdução..	9
1. O Poder de um Mantra..	13
2. Mantras para a Felicidade.......................................	37
3. Mantras para Superar o Medo e a Ansiedade.......	57
4. Mantras para o Amor..	75
5. Mantras para o Perdão e a Aceitação....................	95
6. Mantras para a Cura..	113
7. Mantras para a Proteção...	131
8. Mantras para a Riqueza e a Prosperidade.............	149
9. Mantras para a Paz..	169
10. Mantras para Novos Começos................................	189
11. Mantras Sagrados..	209
Bibliografia...	229

Introdução

"Um mantra é, sem dúvida, um veículo que nos leva para níveis mais silenciosos e mais serenos da mente."

– Deepak Chopra

Mantras são palavras, sílabas ou frases que repetimos para sentirmos e nos conectarmos com a energia que existe dentro de nós e ao nosso redor. Os mantras podem nos fornecer todos os tipos de apoio quando mais precisamos deles – consolo, inspiração, segurança, motivação, calma ou explosão de energia. E podem ser praticados a qualquer hora, em qualquer lugar. Nos mantras, as palavras são cuidadosamente formuladas para dar a você uma maneira de estar presente e enfrentar determinada situação. Incorporar mantras à sua vida diária vai ajudá-lo a ficar mais focado e atento, além de mais capaz de transformar obstáculos em oportunidades.

Percebi isso, pela primeira vez, quando recebi uma carta da empresa de meu cartão de crédito. A mensagem informava que meus dados pessoais haviam sido roubados por um *hacker* que invadira o computador de uma companhia da qual eu havia comprado alguns produtos. Em vez de dizer: "Vocês estão brincando!" ou "Ai, que transtorno!", pensei imediatamente: "Está tudo bem". Minha prática diária de mantras intercedeu naquilo que poderia ter sido um momento de muita aflição e sugeriu-me exatamente as palavras que eu precisava pensar. Embora eu devesse, é claro, tomar as necessárias providências logísticas para resguardar minha identidade e minhas finanças, os mantras é que me proporcionaram os meios de manter a calma, a lucidez e a flexibilidade.

Antes, eu teria sem dúvida entrado em pânico, tremido diante do que poderia acontecer, lamentado minha sorte e retido a respiração durante todo o processo. Esse já não é mais o caso. A prática dos mantras não só nos liberta das garras dos hábitos antigos e ineficazes como, generosamente, elimina aquilo que os provoca. Em consequência, ficamos livres dos mecanismos de defesa que consomem nossa energia e ativamos estados de ser mais independentes. Quando isso ocorre, nossa vida tende a evoluir com mais serenidade, dando-nos uma sensação de relaxamento – bem diferente de um ioiô (ou, em alguns casos, de um trem de carga).

Quando devidamente praticados e aplicados, os mantras também nos conferem o poder de influenciar positivamente os outros graças ao exemplo de nossa transformação pessoal.

Mantras Simples e Poderosos para o seu Dia a Dia é uma coletânea de mantras para todos os altos e baixos do cotidiano. Veja-o como um amigo confiável, pronto a lhe dar aquilo de que você precisa para superar uma situação problemática. Aqui, você encontrará mantras que lhe trarão felicidade, paz, amor e cura, e outros que o ajudarão a vencer o medo e a ansiedade. Além dos mantras, você encontrará explicações do motivo pelo qual essas palavras específicas nos auxiliam em determinadas situações.

Deixe para trás a frustração, a cólera e o medo. Assimile a paz, a inspiração e a felicidade que os mantras podem dar.

1
O Poder de um Mantra

"Não vemos as coisas, necessariamente,
como *elas* são, mas como *nós* somos."

— Ram Dass e Rameshwar Das,
Polishing the Mirror

Segundo os escritores alemães Grazyna Fosar e Franz Bludorf, nosso corpo é "programável pela linguagem, pelas palavras e pelo pensamento". Assim como somos programados para responder ao toque do telefone, podemos programar palavras e frases repetidas em nossa mente subconsciente. Se você repetir palavras e frases negativas, começará a desenvolver crenças (por exemplo, "Sou gordo") e comportamentos (agir como culpado ou com raiva) que não lhe servem para nada.

Se esse for o seu caso, não desanime. Tais tendências são, na verdade, um reflexo de nossa evolução. Para defender-se, nossos ancestrais tinham de se concentrar no negativo, pois isso aumentava suas chances de sobreviver. Tinham de ficar atentos aos predadores e fazer frente o tempo todo às ameaças a seu alimento e suas fontes de água. Hoje, é claro, não precisamos fugir de leões nem procurar minas. Entretanto, essa informação sobre o funcionamento do nosso cérebro explica por que os mantras são tão poderosos. A propensão ao negativo ajudou nossos ancestrais a sobreviver, mas concentrar-se no positivo por meio de mantras é muito mais benéfico para você nos tempos atuais.

A HISTÓRIA DOS MANTRAS

Os mantras são uma das mais antigas práticas mente-corpo. Embora existam há mais de 3 mil anos, só foram plenamente descobertas nos últimos 150. Isso aconteceu porque boa parte dos mantras foi escrita na antiga língua indiana, o sânscrito, e mantida em segredo para preservar sua qualidade. Embora o sânscrito não seja mais falado, continua bem vivo por intermédio da prática dos mantras.

OS MANTRAS NA BÍBLIA

Os mantras são encontrados também na Bíblia. Sílabas e palavras retiradas das preces podem facilmente compor um mantra. Por exemplo, a palavra "amém", originalmente um termo hebraico (aramaico) que passou para o grego, o latim e, por fim, para a nossa língua, traduz-se por "assim seja". Além disso, passagens da Bíblia como "No princípio era o Verbo, e o Verbo estava com Deus, e o Verbo era Deus" (João 1,1) mostram a importância das palavras para a prática da fé.

MANTRAS SÂNSCRITOS

Thomas Ashley-Farrand, especialista ocidental em mantras sânscritos sagrados, ensina que eles foram originalmente escritos em folhas de palmeira. Algumas famílias ficavam encarregadas de guardar determinados mantras, algo assim como uma relíquia herdada ou uma receita secreta. Os mantras, na Índia e no Tibete, se preservavam graças a uma escrita precisa, a uma conservação cuidadosa e à transmissão de geração para geração. Por fim, essas informações foram transferidas para os mais antigos textos hindus, os Vedas, onde permaneceram formalmente registradas (continuando a ser amplamente utilizadas hoje).

Os mantras sânscritos constituíam uma ferramenta para a cura e o desenvolvimento espiritual. Eram usados para fomentar a abundância, a prosperidade, a força, a proteção, a saúde e o amor. Podemos, por exemplo, recorrer a um mantra a fim de garantir uma colheita farta, afastar doenças e/ou atrair boa sorte.

Milhares de mantras foram registrados ao longo da história e muitos continuam sendo criados ainda hoje em nossas línguas nativas. O que torna os mantras sânscritos tão especiais são os impressionantes fundamentos que lhes serviram de base. Você pode compará-los a uma chama eterna. Quando recita um mantra sânscrito, não está apenas absorvendo a energia das palavras, mas também atingindo o nível de consciência nelas colocado pelas pessoas que as repetiram antes de você. Como esse nível de consciência remonta a milhares de anos, imagine quão carregadas de energia são as palavras de um mantra!

Ashley-Farrand observa que cada mantra sânscrito parece especialmente talhado para ativar o sistema energético humano. As letras do idioma sânscrito correspondem a chakras (centros de energia no corpo). Proferir sons sânscritos exige que a língua toque o palato. Esse movimento estimula o hipotálamo, no cérebro, onde são armazenadas as lembranças emocionais. É espantoso como nossos antepassados conseguiam evocar esse conhecimento sem os aparelhos e recursos científicos de que hoje dispomos.

CHAKRAS (CENTROS DE ENERGIA)

Um dos motivos pelos quais os mantras sânscritos são tão eficientes é que empregam sons seminais (explicados adiante) para estabelecer a conexão com os centros de energia invisíveis do corpo, chamados chakras. *Chakra* significa "roda (giratória)". Existem sete chakras maiores e muitos outros menores, que correspondem a pontos do campo energético do corpo humano de onde a energia é retirada. Cada chakra está ligado a uma glândula, um órgão ou músculo específico; os chakras se alinham desde a base da coluna vertebral até o alto da cabeça. Quando estão em equilíbrio, cria-se um estado interior de fluxo.

Costuma-se representar os chakras com imagens da flor do lótus. Essas imagens mostram que cada chakra possui uma certa quantidade de pétalas. Diz-se, por exemplo, que o chakra da raiz, localizado no assoalho pélvico, tem quatro pétalas. Se somarmos todas as pétalas, da base do assoalho pélvico até o meio das sobrancelhas (terceiro olho), obteremos 52. Ashley-Farrand assegura que há um total de cinquenta pétalas, assim como há exatamente cinquenta letras no alfabeto sânscrito.

Hoje, muitos líderes espirituais, sacerdotes, monges, mentores, terapeutas e yogues recorrem aos mantras como um modo de viver e disseminar os princípios de amor e compaixão que receberam de seus mestres.

> O que torna um *slogan* mais impactante que outro? A energia que ele encerra. Os mantras, quando escritos, praticados e entendidos da maneira correta, são um dos mais apreciados recursos de que a humanidade dispõe gratuitamente.

Acredite ou não, os mantras são também muito comuns em nossa linguagem cotidiana. Aquilo que começa como um lema comercial de estratégia de marketing (como o "Just do it", marca registrada da Nike) pode, conscientemente, se transformar num mantra diário.

SONS SEMINAIS

Os mantras sânscritos se baseiam nos chamados sons seminais. Sons seminais são sílabas agregadas para gerar uma vibração em determinada área do corpo. Um dos sons seminais mais conhecidos é *Om*, muitas vezes entoado antes ou depois de uma sessão de yoga. Segundo Swami Adiswarananda, *Om* "é considerado o mantra seminal por excelência, pois constitui a fonte de todos os outros mantras e de todos os sons compostos". A palavra é usada também como prefixo ou parte final de um mantra. O mantra *Om* é formado pela união das vogais A e U, portanto, um ditongo, junto com a nasalização que é sentida pela letra M. Por esse motivo, muitas vezes é escrito como *AUM*. Além disso, nessas três letras estão os três estados de consciência, que são a vigília, o sono e o sonho, segundo o *Maitri Upanishad*, texto associado à escola Maitrayana do Ayurveda. O som de *Om*, quando entoado regularmente, equilibra nossas ondas cerebrais. De acordo com o livro *Healing Mantras*,* de Thomas Ashley-Farrand,

---

* *Mantras que Curam*, publicado pela Editora Pensamento, São Paulo, 2001 (fora de catálogo).

Om nos conecta com nosso sexto chakra; é "o som ouvido quando as correntes masculina e feminina... se encontram e se fundem" na região do terceiro olho. A tabela a seguir fornece os sons associados a cada chakra.

Chakra nº	Chakra	Localização	Som Seminal
7	coroa	alto da cabeça	silêncio após OM
6	terceiro olho	testa	OM
5	garganta	garganta	HAM
4	coração	parte superior do peito	YAM
3	plexo solar	torso médio	RAM
2	sacral	5 cm abaixo do umbigo	VAM
1	raiz	base da coluna vertebral	LAM

DEUSES E DEUSAS

Os mantras sânscritos estão também conectados com o budismo e a cultura hindu. Muitos deles, conforme se acredita, estreitam a conexão diária da pessoa com deuses e deusas hindus como Krishna, Shiva e o senhor Vishnu. Esses deuses e deusas têm uma profusão de sabedoria e inteligência que, quando sintonizadas, podem acelerar sua evolução espiritual, mesmo que você não seja budista. Por exemplo, os ensinamentos budistas insistem muito no valor do cultivo da compaixão. Tenha em mente, ao recitar mantras, que você não está apenas proferindo palavras, mas também permitindo que a energia dentro delas se movimente em seu íntimo. Muitos desses deuses e deusas são mencionados em músicas espirituais, cada vez mais divulgadas no Ocidente.

> Saiba que a decisão de incorporar mantras sânscritos em sua vida diária não implica você mudar de religião. Independentemente da religião em que foi criado ou que pratica hoje, você pode recorrer aos mantras e usá-los como ferramentas para promover o aperfeiçoamento de suas habilidades meditativas.

MANTRAS SÂNSCRITOS HOJE

Atualmente, os mantras sânscritos vêm chamando a atenção de neurocientistas e outros pesquisadores da mente-corpo. Alguns estudam os efeitos de uma mentalidade positiva na saúde geral e no bem-estar – e os mantras podem, certamente, facilitar uma visão positiva das coisas.

Pesquisadores como Thomas Ashley-Farrand dedicam suas vidas a preservar as raízes dos mantras sânscritos, tornando-os acessíveis às novas gerações ao mesmo tempo que aconselham os interessados a respeitar sua história sagrada.

EM QUE OS MANTRAS E AS AFIRMAÇÕES SÃO DIFERENTES

A escritora Louise Hay está entre os pioneiros das afirmações. Ela trouxe à luz esse poder no livro *You Can Heal Your*

Life. Embora o objetivo dos mantras e das afirmações seja transformar e empoderar, a prática eficaz dos mantras ajuda a distinguir as duas práticas. A tabela abaixo mostra as diferenças entre elas.

Mantras	Afirmações
Existem há pelo menos 3 mil anos	Surgiram nos anos 1980
Baseados na espiritualidade	Baseadas na psicologia
Concentram-se na energia	Concentram-se na asserção
Podem ter apenas uma sílaba	São em geral uma frase
São repetidos com mais frequência	São repetidas com menos frequência

Tanto os mantras quanto as afirmações têm seu lugar no estudo meditativo. A longa história e a conexão com a energia dos mantras influenciam o desenvolvimento das afirmações. Em contrapartida, as conexões das afirmações com a linguagem simples e cotidiana influenciam os mantras.

COMO OS MANTRAS FUNCIONAM

Você já sabe que os mantras se baseiam na energia. Entretanto, a esta altura, pode estar se perguntando como, exatamente, eles funcionam. Por que proferir uma palavra, uma frase ou um som nos transforma de fato?

Sucede que os pensamentos exercem um forte impacto na saúde e no bem-estar, de um modo geral. Por exemplo, quando nos ocorre um pensamento negativo como "Não tenho tempo", os sistemas corporais reagem. Os sistemas nervoso e respiratório se aceleram, provocando ansiedade, taquicardia etc. E quando repetimos esses pensamentos em voz alta, nós os fertilizamos com sons, o que por sua vez esgota nossos níveis de energia. Uma vez nesse estado de esgotamento, é quase certo que voltaremos às mesmas palavras e aos mesmos comentários mais tarde. Gera-se um círculo vicioso, que aumenta as possibilidades de desenvolvermos crenças e comportamentos inconscientes (pensamentos, desejos, tentativas, fixações), no esforço para controlar a perda de energia. Parece bem cansativo, não? Felizmente, as coisas não precisam ser assim.

Os mantras permitirão que você assuma o controle de sua energia. Direcioná-la para um ponto positivo e judicioso pode ajudá-lo a reduzir o estresse – e todos conhecemos os efeitos negativos do estresse no corpo humano. Com efeito, a Clínica Mayo recomenda o pensamento positivo e o diálogo interior porque eles podem:

- Proporcionar uma vida mais longa.
- Baixar os níveis de depressão.
- Ajudar a combater o estresse.
- Aumentar a resistência a resfriados.
- Aumentar o bem-estar físico e psicológico.
- Reduzir o risco de morte por doenças cardiovasculares.
- Aumentar a capacidade de superar os obstáculos da vida.

Os mantras são uma boa maneira de travar um diálogo interior positivo. Graças a eles, podemos, sem esforço, amenizar conflitos, relaxar e atentar plenamente para o momento atual.

> "Você não precisa mudar as coisas que vê,
> apenas a maneira com que vê as coisas."
> – Thaddeus Golas, *The Lazy Man's Guide to Enlightenment*

BENEFÍCIOS DOS MANTRAS

Quando praticados regularmente, os mantras são como remédios para sua energia. Segundo o livro *Mantras que Curam*, "a prática de mantras ajuda a preparar os chakras (centros de energia) para receber e usar grandes quantidades de energia espiritual". Imagine que a energia em seu corpo seja uma lâmpada. Você pode ter uma lâmpada de 25, 50 ou 100 watts, dependendo da quantidade de energia em seu corpo. Quanto mais utilizar mantras, mais watts (energia) sua lâmpada (corpo) conseguirá conter.

Veja mais alguns benefícios da recitação de mantras:

LIBERA AS EMOÇÕES SUBCONSCIENTES

Segundo a Kundalini Yoga ensinada por Yogi Bhajan, quando encostamos a ponta da língua no palato – como acontece ao entoarmos alguns sons seminais –, liberamos as emoções da parte do cérebro chamada hipotálamo. Isso ocorre graças à ação repetitiva. Como você aprenderá mais adiante, a prática tradicional dos mantras inclui, muitas vezes, um mínimo de 108 repetições. Assim, ao repetir um som seminal como RAM, você talvez não sinta nenhum alívio emocional até fazer uma pausa ao final de 30, 50 ou 108 repetições. Perceberá que está eliminando o estresse e as emoções subconscientes quando inspirar profundamente e suspirar ou expirar de maneira descontraída.

Mesmo uma ação simples como repetir a sílaba *la, la, la* faz com que sua língua toque o palato. Tente isso agora mesmo. Talvez essa seja uma das muitas razões pelas quais cantar melhora seu humor e suas atitudes. Note como sua energia se torna leve e agradável.

ACALMA

Respirar é muito importante para você descobrir e preservar uma sensação de calma. E os mantras podem fazer com que fique mais atento à sua respiração. Pense nisto: ninguém consegue inspirar enquanto profere palavras ou frases. No final da frase, sobretudo se ela foi longa, sentimos nosso corpo inspirar automaticamente.

> O que antes era considerado DNA "descartável", hoje está sendo visto por alguns cientistas como um DNA cuja função é das mais importantes. Aparentemente, possuímos um DNA que ainda não foi sequer ativado. Ótimo, não? Segundo o escritor Brendan D. Murphy, uma das maneiras de ativar esse DNA é por meio de emissões de vogais, *a, e, i, o, u*. Os autores alemães Grazyna Fosar e Franz Bludorf estudam métodos de ativação de DNA também por intermédio de mantras. Esses conceitos ainda são muito novos, mas acenam com oportunidades promissoras!

Os mantras que ajudam a prolongar a expiração são excelentes para treinar o corpo na técnica de respirar da maneira correta. Você pode perceber isso ao emitir um som como *ha, ha, ha, ha* em sequência. Quando para, a parte inferior do seu abdome se enche de ar (inala) sem nenhum esforço. Se respirar com a parte inferior do abdome (inalar inflando a barriga, exalar recolhendo-a), estará estimulando os lobos inferiores dos pulmões, onde se localizam todos os nervos responsáveis pela serenidade.

MELHORA SEU CÉREBRO

Os mantras não apenas estimulam os lados direito e esquerdo do seu cérebro como, se repetidos, podem alterar as ondas cerebrais do estado beta (quando você está superconcentrado) para o estado teta (relaxado). O estado teta eleva o nível de percepção e consciência, proporcionando uma sensação de alívio e tranquilidade.

Por exemplo, o som de *Om*, muitas vezes recitado em aulas de yoga, equilibra os estados beta (concentrado), teta (relaxado) e delta (onírico), ajudando a pessoa a sentir-se mais calma e receptiva. É graças a essa receptividade que sabemos estar conectados com nossa alma. A alma encerra as lembranças do amor. Em consequência, sentimo-nos amparados e presentes.

MELHORA A SAÚDE, A PERCEPÇÃO E A CONEXÃO UNIVERSAL

Equilibrar as ondas cerebrais por meio de mantras não apenas faz a pessoa se sentir melhor de um modo geral como a conecta com uma inteligência universal, onde ocorrem a cura e a transformação profunda. O que isso significa para você? A história dos mantras (particularmente os sânscritos) revela que eles são um meio de aliviar o karma negativo que, no entender de alguns, pode contribuir para as atuais experiências emocionais e físicas negativas. A inteligência universal é o tema do livro *O Segredo*. Segundo essa ideia, estamos em constante comunicação com as leis espirituais do universo – e uma delas é a lei do karma, para a qual "toda ação provoca uma reação". Os mantras podem impedir as ações negativas, abrindo novos caminhos para as positivas.

COMO USAR UM MANTRA

Embora os mantras sejam apenas palavras ou frases para se repetir, há uma maneira de usá-los com mais eficácia. Eis algumas dicas para você integrar mantras à sua vida diária:

CRIE UM ESPAÇO SAGRADO

Dispor de um espaço sagrado vai ajudar você a se dedicar ao ritual da prática dos mantras e a aperfeiçoá-lo. Escolha uma cadeira diante de uma janela ou vá até onde se sinta mais à vontade. O espaço sagrado não precisa ser maravilhoso, basta que você se sinta alegre e criativo nele. Algumas pessoas gostam de ter um pequeno altar (ou uma prateleira) em sua casa e colocar aí objetos sagrados, como estatuetas de divindades, velas, cristais, sinos, incenso ou gravuras. Tenho um altar ao lado de uma cadeira em meu escritório, com cristais e seixos de formato especial que recolho na praia. Quando faz tempo bom, costumo transferir minha prática de mantras para o terraço dos fundos, onde posso cantar e observar os pássaros se alimentando. Você poderá também, se preferir, usar uma almofada de meditação ou um banquinho de oração.

PRONUNCIE OS MANTRAS CORRETAMENTE

Antes de começar a usar os mantras, convém saber a diferença entre recitá-los e cantá-los. Recitar significa dizer alguma coisa em voz alta algumas vezes; cantar é repetir continuamente alguma coisa em voz alta, por um longo período de tempo (pelo menos cinco minutos). Uma vez que os mantras são energia concentrada, é importante que você reserve algum tempo para aprendê-los de maneira apropriada, antes de cantá-los. Antes de cantar um mantra, recite-o para se certificar de que sua pronúncia está correta, pois assim se sentirá mais à vontade com as palavras e os sons. Muitos mantras sânscritos podem ser encontrados no YouTube, caso você precise de ajuda para aprender a pronunciá-los.

PRATIQUE COM FREQUÊNCIA

Segundo a tradição antiga, os mantras sânscritos devem ser cantados, no mínimo, 108 vezes por dia, durante quarenta dias. Por exemplo, se você conhece alguém que esteja gravemente doente, poderá cantar 108 vezes de manhã e 108 vezes à tarde.

Parece muito? Não se preocupe. Conforme descobrirá ao iniciar sua prática dos mantras diários usando este livro, você poderá repeti-los com a frequência que achar conveniente. O texto que acompanha alguns mantras lhe dará mais orientações a respeito. Resumo: é melhor repetir, quantas vezes quiser, o mantra que o atrai.

Você pode também usar alguns mantras em sua própria língua, com a frequência que preferir, e selecionar um ou dois em sânscrito, que cantará por um mínimo de quarenta dias.

CANTE SEUS MANTRAS CONSCIENTEMENTE

O que torna um mantra eficaz não são tanto as palavras em si (embora elas sejam muito poderosas), mas o relacionamento da pessoa com o próprio mantra. A fim de estreitar esse vínculo, é importante considerar vários aspectos do seu envolvimento com o mantra: o tom de voz, a vontade ou necessidade de fazer uma pausa, a energia que você sente no corpo e o que acha da experiência. Imagine que esteja contando uma história a um amigo. Para de fato se comunicar e chegar ao ponto, você precisa empregar uma inflexão em sua voz – interromper-se, refletir ou alterar o volume da emissão. Saiba também que você não controla o mantra. Sua respiração parecerá curta porque você cantará as palavras durante a expiração. Quando fizer uma pausa, é provável que inspire profundamente. Imagine então que esteja bebendo algo por um canudo e sentindo de fato o sabor do líquido.

ACREDITE EM SUAS PALAVRAS

Sempre digo aos meus alunos: "Vocês não podem escolher aquilo em que não acreditam". Algumas pessoas encontram dificuldade em proferir os mantras num primeiro momento por não se sentirem dignas do tipo de amor que eles expressam. No entanto, se você não acreditar no amor, não poderá escolhê-lo – nem escolher a felicidade, a saúde e a prosperidade. Terá de acreditar nele para escolhê-lo. Uma das maneiras de aperfeiçoar sua capacidade de acreditar em si mesmo e em seus sonhos é intensificar a vibração da energia dentro de você. Os mantras podem ajudá-lo nisso.

INCORPORE OS MANTRAS EM SUA AGENDA DIÁRIA

Bom seria que você reservasse um tempo, todos os dias, para cantar seus mantras; mas isso nem sempre é possível. Não deixe, porém, que uma agenda cheia o impeça de começar sua prática. Procure encontrar uma maneira de inserir os mantras em sua agenda e em seu estilo de vida. A prática dos mantras se funde facilmente com outras práticas e rotinas, como aulas de yoga, preces, tai chi, caminhadas, redigir um diário e jardinagem. Se você não conseguir misturar mantras com esses tipos de atividade, tente achar um espaço mental em um tempo "perdido", como durante as viagens diárias ou a arrumação da cozinha. Uma palavra simples como "obrigado" pode ser o mantra para você proferir antes das refeições ou no começo do dia. (Conforme verá, os mantras são também uma ótima maneira de relaxar ao final do trabalho!)

DIGA "OBRIGADO"

Conclua cada mantra com "obrigado". Essa palavra o ajudará a estreitar seu relacionamento com o mantra. Assim como você se comunica com as pessoas, os mantras se comunicam com o universo. Quando dizemos "obrigado", estamos informando ao universo que recebemos a energia do mantra. "Obrigado" é um gesto de gratidão. Nesse caso, você diz "obrigado" ao universo por ele ter posto o mantra em movimento (na forma como isso aconteceu). Dizer "obrigado" ao final do mantra não é diferente de dizer "acredito piamente que ele esteja em pleno movimento".

AVANÇANDO NA PRÁTICA: JAPAMALAS, MUDRAS E KIRTAN

Depois que você se familiarizar com os mantras, sem dúvida desejará avançar para o próximo nível. As dicas seguintes podem ajudá-lo a fazer isso.

COMPRE JAPAMALAS

Japamalas são uma espécie de cordão com 108 contas, usado como recurso para saber quantos mantras você recitou. Assim, não precisará contar de cabeça enquanto canta. Essas contas nos ajudam a experimentar plenamente as qualidades meditativas que um mantra pode induzir. Os preços das contas variam, conforme sejam de sementes ou cristais (mais ou menos entre 30 e 250 reais). Eu prefiro as de cristais, que conservam a energia eletromagnética. Combinar a energia do cristal com o mantra pode de fato ajudar a aumentar as vibrações. Os cristais, como os mantras, também correspondem a diferentes partes do corpo e servem a diferentes propósitos. Eu, por exemplo, tenho contas de mantra feitas de ametista, a qual se conecta ao terceiro olho. Quando em equilíbrio, o terceiro olho aumenta a lucidez mental e a intuição. Sabe-se que a ametista proporciona estabilidade emocional e proteção psíquica, além de desenvolver a capacidade intuitiva. Isso a torna uma ótima escolha para controlar o vício e estimular o desenvolvimento espiritual. Na aparência, o vício é uma condição em que a pessoa se encontra presa a uma substância ou um comportamento. Do ponto de vista energético, o vício pode ser energia que se acumulou demais (ou seja, flui em excesso) e, como resultado, a pessoa encontra dificuldade em evitar influências e escolhas negativas. A combinação de canto e manuseio de ametista forma uma dupla poderosa para superar semelhantes tendências. Como sempre, ao escolher um japamala, a regra de ouro é preferir aquele que mais atrai. Confie em seu corpo.

USE UM MUDRA

Você certamente já viu figuras de pessoas meditando com as pernas cruzadas e as mãos numa determinada posição. Praticar mudras é isso. Os mudras se resumem a gestos de mão muitas vezes usados para complementar uma prática de mantra e são meios poderosos para conectar a pessoa a uma consciência superior. Um mudra simples que você pode praticar é o gesto de mão que lembra o sinal de "ok". Pressione a ponta do indicador contra a ponta do polegar. Esse é um mudra universal que representa a alma universal conectada à alma individual.

FREQUENTE UM KIRTAN

Finalmente, os mantras podem ser cantados num grupo de música ao vivo em formato de chamados e respostas. Esse grupo se chama kirtan. Uma pessoa lidera, cantando o mantra, e as outras respondem com o mesmo canto. Num kirtan, a energia pode ser enorme, libertadora e calmante ao mesmo tempo. Você encontrará kirtans em escolas de yoga e centros de retiro.

COMPONHA SEUS PRÓPRIOS MANTRAS

Você poderá achar atraente a ideia de compor seus próprios mantras, mas isso é mais difícil do que parece. O segredo consiste em concentrar-se por meio da respiração e conectar-se ao momento presente antes de lançar as ideias por escrito. Para se mostrar eficazes, os mantras devem ser redigidos como se a situação pretendida já estivesse acontecendo. Por esse motivo, emprega-se o tempo verbal presente. Um dos mantras mais poderosos que você pode escrever e proferir é "Eu existo".

É fácil cair na armadilha de querer que os mantras sejam repletos de floreios e perfeitamente ritmados. Evite essas tentações e esforce-se para estabelecer uma comunicação tanto com o universo quanto com sua mente subconsciente. Concentre-se no que deseja criar, não em cadências ou adjetivos.

COMPARTILHE MANTRAS COM OS OUTROS

Depois de descobrir o poder dos mantras, você provavelmente vai querer compartilhá-los com amigos e familiares. Talvez se sinta tentado a lhes dar instruções sobre os mantras. "Basta fazer isto ou dizer isto e será ótimo!" Mas não: resista a esse desejo e simplesmente compartilhe sua própria experiência com um mantra. Em vez de explicar a eles o que fazer, mostre-lhes como os mantras afetaram sua vida. Você pode também compartilhar mantras por meio da música. Consulte a seção Recursos na Internet, ao final do livro, para algumas sugestões.

VOCÊ MERECE ISSO

Os mantras lhe dão energia suficiente para você fazer uma pausa e lembrar-se de quem é. Caso fique surpreso com isso ou, de algum modo, não se sinta merecedor de tamanha graça, garanto-lhe que os mantras já são parte de sua essência íntima. A energia deles é a mesma de que você é feito. No entanto, os mantras, quando usados de maneira eficaz, não contêm as complicações, as inseguranças e os medos diários, movidos a baixa energia. São puros – e, talvez por causa disso, recitar um mantra e receber sua energia em nada difere de uma bênção. Os mantras fazem honra à jornada de sua alma ao reconhecê-lo como um perpétuo criador e uma fonte infinita de amor.

2
Mantras para a Felicidade

> "Não há caminho para a felicidade;
> a felicidade é o caminho."
>
> – Gautama Buda

Os mantras estão entre as maneiras mais simples de obter e conservar estados de felicidade. Eles fazem isso, por exemplo, neutralizando a infelicidade. Neutralizar significa aliviar a carga (reatividade). Digamos que alguém pense: "Sinto-me feliz no trabalho, mas infeliz no casamento". Em consequência, essa pessoa irá comparar uma situação com a outra, julgá-la ou lamentá-la. A verdade, aí, é que essa pessoa talvez esteja mais presa energeticamente ao medo (à carga) no casamento do que no trabalho. Ninguém pode nos fazer sentir determinadas emoções; estas nos são reveladas (por já existirem). Um casamento às vezes revela medos que existem há anos.

Os mantras podem nos ajudar a transformar estados de medo em estados mais úteis, como a lucidez. Depois de liberada, essa energia nos alça a estados mentais mais produtivos. A pessoa insegura no casamento conseguirá então ver o problema mais claramente e, em lugar de permanecer presa ou queixar-se da situação, dará um passo à frente (por exemplo, procurará ajuda, se comunicará). O bom dos mantras é que eles estimulam todas as áreas de nossa vida e não só aquelas que julgamos más ou decepcionantes. Com consistência e dedicação, não é de espantar que a recitação de um mantra em prol do casamento melhore também a qualidade da vida profissional.

Os mantras, neste capítulo, se baseiam em qualidades cientificamente aceitas como capazes de nos tornar felizes como: capacidade de vivenciar o presente, abertura para a alegria, aceitação do próprio eu e outras. Quando você se acha num estado de felicidade, não procura modificar o instante, diferentemente, sente-se no pleno gozo do momento, o que lhe permite interagir com o mundo à sua volta. Por exemplo, você está andando por uma rua e sem se dar conta resolve parar para acariciar um cachorro. De imediato se sente feliz. Os mantras podem ajudá-lo a alcançar esse estado de felicidade.

Além disso, segundo a organização Project Happiness [Projeto Felicidade], nada menos que 90% de nossa felicidade dependem de nosso "ambiente interior", constituído por nossos genes e nossas atividades intencionais como autorreflexão, atenção plena e gratidão. Os mantras nos ajudam a moldar o "ambiente interior" e dão sustento à felicidade.

Quando aprofundo minha percepção, a energia flui livremente por meu corpo.

É muito fácil nos deixarmos levar pelas descrições da felicidade feitas por outras pessoas. Uma postagem no Facebook, uma notícia de gente famosa, uma foto no Snapchat nos induzem a viver o momento de outrem (mesmo que esse momento seja manipulado, filtrado ou editado) e nos dão a falsa impressão do que seja a verdadeira felicidade. Se você se concentrar demais em outras pessoas para saber se é feliz, se desligará inevitavelmente da fonte de sua própria felicidade – você mesmo. A felicidade é um estado de ser interior, não um lugar lá fora que temos de buscar. Recite esse mantra para redirecionar e expandir a percepção de sua fonte íntima de felicidade.

Sou parte de algo maior, ao qual me junto agora graças à minha respiração.

Abraham Maslow, famoso psicólogo, foi um dos primeiros a reconhecer a importância de cultivar o senso de comunhão. Por natureza, os seres humanos precisam se ligar uns com os outros. Esse vínculo é um suplemento diário imprescindível para fomentar a evolução intelectual, física e emocional.

Há momentos, é claro, em que você se pergunta de qual maneira poderá se enquadrar. Talvez seja uma mãe de primeira viagem, um estudante ou um aposentado. Esse desconforto pode ocorrer até no seio de sua própria família. A carência, a ânsia de "adequar-se" ou o desgosto por ser diferente não raro tornam as coisas ainda piores. Mas saiba que você é sempre uma parte importante do universo. Os outros o amam e precisam de você. Esse mantra lembra-o de que é parte de algo maior e conecta-o à sua totalidade (dizendo "Eu existo").

Permito-me priorizar as coisas que me trazem alegria, criatividade e conexão.

Às vezes, você pode perder o senso de direção ou o encantamento, caso suas escolhas de vida sejam equivocadas. Digamos, por exemplo, que almeje um estilo de vida diferente ou um companheiro compatível. Esse mantra lhe diz que, talvez, essas dúvidas disfarcem a conexão com seu propósito divino. A energia criativa melhora sua saúde e conduz a experiências edificantes. Permita-se, pois, sentir essas dúvidas e investigue se elas não podem se tornar motivação para você reclamar a felicidade. Em vez de insistir no que lhe falta, esse mantra anima-o a incorporar coisas que lhe dão alegria (por exemplo, animais, natureza, arte, música etc.).

Eu tomo o partido da felicidade.

Esse mantra lembra-o da necessidade de escolher um partido. Você pode optar pelo amor ou pelo medo. Para se aproximar mais e com mais empenho do amor, apele para sua imaginação. Segundo Albert Einstein: "A imaginação é mais importante que o conhecimento". Isso acontece porque nosso corpo não sabe a diferença entre realidade e fantasia. Se nos imaginarmos alegres e contentes, ele se apegará a isso e gerará a experiência para nós.

A neurociência dá suporte a essa estratégia, reconhecendo os poderosos benefícios da visualização. Essas ferramentas (visualização, respiração) nos permitem entrar em contato com energias ainda não expressas e transformá-las em momentos inspiradores.

Sou abençoado.

Afirmar ser abençoado é bem mais que dizer que se tem sorte ou dinheiro. Ser abençoado é reconhecer que somos sagrados e, portanto, que recebemos a graça. É importante ter isso em mente enquanto se recitam os mantras. A atenção plena nos deixa agradecidos pelo que somos agora e não pelo que esperamos ser.

Outra versão desse mantra é: "Somos abençoados", que nos dá a capacidade de ver e apreciar a graça nos outros.

Recebo plenamente a alegria e a nutrição que a natureza me proporciona.

Alguns dos nossos "hormônios do bem-estar" incluem a serotonina e a dopamina. Os mantras não apenas se limitam a estimular a produção dessas substâncias; também alteram as ondas do cérebro para gerar estados mentais mais calmos. Um artigo de março de 2014, publicado na revista *Psychology Today*, assegurava que "o vínculo com a natureza muitas vezes gera felicidade independentemente de outros fatores psicológicos". Esse mantra é ótimo para as horas do dia em que você sai de casa (por exemplo, para checar a caixa de correio ou caminhar até o carro). Ele nos encoraja a fruir plenamente os benefícios que a natureza proporciona.

O reconhecimento e a gratidão pulsam em mim agora.

Atos singelos de cortesia, como segurar a porta para alguém, deixar uma pessoa passar à frente na fila ou pagar um café para um amigo são modos de disseminar a felicidade. A felicidade é contagiante. Você pode literalmente modificar o clima de um recinto por meio de atos de cortesia. Ao recitar esse mantra, tente perceber como a energia das palavras se apossa do seu coração. Respire fundo enquanto envia pensamentos de afeto a você mesmo e ao mundo que o cerca.

A energia flui quando há concentração. Escolho me concentrar na bênção.

Felicidade e alegria são experiências. Segundo pesquisas, pessoas que preferem experiências a aquisições tendem a ser mais felizes. Antes de recitar esse mantra, reserve um momento para fechar os olhos e descontrair os músculos do rosto e dos ombros. Pergunte a seu corpo o que lhe traz alegria. Faça uma pausa e procure sentir o que está acontecendo com você. Talvez evoque um lugar aonde gostaria de ir, pessoas que passaram por sua vida, músicas ou passeios na natureza. Visualize essas coisas enquanto recita o mantra várias vezes.

Minha percepção é suficiente.

O livro *Um Curso em Milagres* ensina: "Deus não é o autor do medo. Tu és". Precisamos apenas de uma mudança na percepção para passar do medo ao amor. Tudo que temos de fazer é tomar consciência de nós mesmos no momento presente. Tomar consciência significa atentar para o mundo à nossa volta e ficar despertos para ele. Se você estiver distraído ou remoendo pensamentos, sua percepção será insuficiente. Procure aumentá-la interrompendo-se e ouvindo sua respiração. Ouça e sinta sua respiração entrando e saindo do corpo.

Confio em minhas forças e em minha capacidade.

Segundo um artigo de março de 2014, publicado na revista *Psychology Today*, a concentração nas próprias forças diminui a depressão e favorece os comportamentos saudáveis, como um estilo de vida ativo. Para se concentrar em suas forças, você deve primeiro reconhecê-las. Faça a você mesmo estas duas perguntas:

1. Em que áreas me sinto forte?
2. Em que áreas estou ficando mais forte?

Essas áreas podem ser tão simples como a sensação de se sentir seguro numa determinada habilidade, como cozinhar, desenhar ou ler. Você talvez tenha grandes habilidades interpessoais ou seja muito bom em organizar-se ou usar um computador. Pare um pouco para reconhecer aquilo em que é bom e as habilidades que pretende desenvolver.

Eu contribuo para minha comunidade.

Sua alma deseja contribuir para algo maior que você mesmo. Como ser humano, você pode ter tudo – muito dinheiro e fama –, mas, se não contribuir para o mundo de alguma maneira, se sentirá insatisfeito. Reservar um tempo a fim de contribuir para o ambiente pode mudar tudo isso. Seja parando para recolher um fragmento de lixo, doando alguns pertences ou fazendo trabalho voluntário numa instituição de caridade, contribuir para a comunidade não apenas ajuda as outras pessoas como nos torna felizes. Na verdade, segundo Sara Konrath, Ph.D. e membro do Centro de Pesquisas em Dinâmica de Grupo da Universidade de Michigan, "o voluntariado pressupõe menos depressão, mais bem-estar e uma redução de 22% no risco de morte". É preciso mais?

Eu rio com gosto, mesmo quando ninguém está olhando.

São necessários mais músculos para fazer uma careta do que para rir. Rir (mesmo sem vontade) melhora o humor, o que facilita a geração de pensamentos alegres. Se você não sabe como isso funciona, examine-se bem no espelho enquanto ri. Quando rimos, nossos olhos se iluminam. Agora, observe a diferença ao colocar no rosto uma expressão séria. Mesmo que não esteja com vontade de rir hoje, saia para o mundo e observe as coisas à sua volta. Olhar crianças ou animais e sentar-se ao ar livre: eis uma ótima maneira de trazer um sorriso ao rosto. Em seguida, surgirão pensamentos alegres.

Tudo conspira a meu favor.

Houve inúmeras ocasiões em minha vida em que esse mantra me deu forças para acreditar em algo, mesmo sem provas. Talvez você espere uma oferta de emprego, planeje entrar para uma determinada faculdade ou esteja ajudando um ente querido que passa por uma situação difícil. Tente acreditar que tudo trabalhará (e sempre trabalhou) para favorecê-lo e a seus semelhantes. Veja-se como uma pessoa flexível e forte. Lembre-se: dizer uma coisa como se ela fosse verdadeira e estivesse acontecendo funciona.

Felicidade é sentimento; alegria é experiência. Fico com as duas.

A felicidade é um sentimento que nos torna leves e nos proporciona uma experiência de prazer. Como as outras emoções, ela tem extensão. Numa extremidade, você pode se sentir empolgado ou mesmo inebriado; na outra, serenamente satisfeito. Uma coisa não é melhor que a outra, ambas são experiências de felicidade. A alegria tende a depender menos de situações ou circunstâncias. Ela é um modo de ser. É claro que todos temos momentos de tristeza ou mesmo de cólera, mas essas emoções não destroem nossa alegria geral de viver.

Beleza por dentro e por fora.

A beleza vai muito além da pele. A pessoa pode ser atraente por fora, mas cheia de insegurança, ódio e inveja por dentro. Isso pode tornar o relacionamento com ela muito difícil. A verdadeira beleza é aquela que brota de nós quando a alegria, o amor e o contentamento brilham em nossas palavras e ações.

Segundo o *website* WebMD, se você ficar estressado o tempo todo, perderá seus nutrientes vitais, necessários para a manutenção da saúde física. O estresse afeta negativamente a vitalidade de sua pele e seu cabelo, podendo mesmo provocar pressão alta, dores de cabeça e de estômago. Incorporar mantras à sua vida é uma das maneiras de aliviar o estresse e garantir beleza interior e exterior.

Sou uma alma feliz.

Quanta gente tenta ser um humano feliz! Nada de errado nisso. Mas eu lhe digo: tente ser uma *alma* feliz. Almas felizes não precisam pedir orientação nem apoio. Almas infelizes se sentem solitárias, abandonadas e desconectadas. Da próxima vez que você não souber o que fazer, em vez de consultar seu cérebro, consulte sua alma. "Alma, o que você quer que eu faça?" A alma lhe falará por meio de um pressentimento ou de um sentimento, quando não até visual ou auditivamente. Aceite essas mensagens como orientações para uma vida feliz.

Tenho algo bom a dizer e vou dizer!

Quantas vezes você já teve um pensamento positivo ou afetuoso, mas evitou compartilhá-lo? Gostou de uma aula de yoga, mas nunca se animou a dizer isso ao professor? Ficou sensibilizado por um gesto carinhoso de uma pessoa, mas se sentiu pouco à vontade para retribuir?

Cumprimentar alguém ou agradecê-lo por seu tempo e sua atenção traz felicidade às duas partes. Sejamos francos, mesmo as pessoas mais confiantes recebem com agrado um tapinha nas costas de vez em quando. Dê-lhes a conhecer que elas estão fazendo um bom trabalho e note como *você* também fica mais feliz!

Brilhar!

Pessoas felizes tendem a "brilhar", em vez de "avançar". "Avançar" significa ignorar ou refrear os sentimentos e seguir adiante. "Brilhar" é fazer uma pausa e permitir-se a experiência total de um acontecimento sem julgá-lo. Você às vezes sente um nó no estômago, tem uma sensação de compressão no peito ou range os dentes. Brilhar quer dizer confiar na orientação interior de seu corpo. Processe as emoções e você crescerá (brilhará) a partir da experiência; ignore ou contenha as emoções e você se verá repetindo as mesmas experiências e emoções – sempre preso a elas.

3
Mantras para Superar o Medo e a Ansiedade

> "O amor é com o que nascemos.
> O medo é o que aprendemos."
> – Marianne Williamson

O medo e a ansiedade consomem nossa energia e nossa felicidade. Pense nisso como um computador lento – funciona, mas os programas levam muito tempo para carregar. O medo, no corpo, atua da mesma maneira. Você tem energia, mas ela é pesada, não flui. Toda a energia de seu corpo vibra; entretanto, a do medo vibra num nível baixo porque não está circulando adequadamente. Seu corpo talvez esteja apegado a lembranças inconscientes, crenças e sentimentos amedrontadores por natureza. Se não forem resolvidos, com o tempo esses medos podem se manifestar sob a forma de condições físicas e emocionais como preocupação crônica, nervosismo, tensão, cefaleia, dor nas costas etc.

Os mantras podem mudar essa história, transformando o temor em destemor. Fazem isso mergulhando fundo no sistema radicular das histórias, das crenças e dos pensamentos que amedrontam. Quando a energia dos mantras começar a penetrar em seu corpo, não se preocupe caso sinta algum desconforto. O desconforto é sinal de crescimento, indicando que a energia antiga está se tornando uma coisa nova. (Sim, diferentemente do que você possa pensar, a ansiedade não desaparece: você a transforma!) Temos o poder de fazer isso – e os mantras são uma tremenda ajuda.

Neste capítulo, você encontrará uma grande variedade de mantras. Alguns eliminam o que não lhe serve mais, outros ativam a energia adormecida. A energia adormecida é aquela que foi sufocada com o passar do tempo ou mesmo de gerações. Seja paciente. Selecione dois ou três mantras com os quais você se identifica e pratique-os todos os dias.

O medo é uma ilusão.
O amor é a única coisa real.

Aí está: o medo não é real. Você me ouviu? O medo não é real! Quando você sente os sintomas do medo, ele sem dúvida parece concreto, palpável, não? Seu modo de ver o mundo é afetado pelo medo e sua energia não circula da maneira adequada. Em vez de descortinar escolhas, você descortina limitações; em vez de ver amor, você vê feridas e ressentimentos.

Reserve alguns minutos, agora, para se conectar com sua respiração. Ao inspirar, infle a parte inferior do abdome, absorvendo o ar lenta e ritmicamente. Faça com que a energia do medo se transforme em coragem, força e (com a prática) amor. Repita esse mantra de três a cinco vezes e encha os pulmões (inspire e expire contando até três). Imagine essas palavras como energia fluindo livremente por seu corpo.

Estou absorvendo energia agora.

Respirar do modo correto é uma das maneiras mais fáceis de intensificar sua energia. Se você acha difícil respirar profundamente, tente descontrair o corpo. Pode fazer isso em vários pontos. Primeiro, relaxe os músculos do rosto, os cantos da boca, os ombros e a parte superior das costas. Em seguida, sente-se ereto e relaxe as escápulas. Repare se a parte superior dos ombros descai. Se isso acontecer, recorra a outro método de relaxá-los. Imagine que as escápulas estão fixas em suas costas como asas. Você poderá ativá-las aproximando-as uma da outra (na parte de trás do coração). Esfregue-as e solte-as algumas vezes. Note que esse movimento estimula os ombros a se descontraírem e, ao mesmo tempo, afrouxa as mandíbulas. Movimentos assim o ajudarão a sair da cabeça e penetrar no corpo.

Não se esqueça de atentar para a respiração. Se não conseguir se concentrar no abdome enquanto respira, procure desviar a atenção para os lados do peito ou mesmo para a parte inferior das costas, respirando profundamente e enviando o ar para essas áreas. Não se preocupe com a necessidade de fazer tudo de maneira correta ou perfeita.

Sinta tudo; não se prenda a nada.

Você talvez esteja preso a uma série de crenças ou pensamentos diários: os chamados apegos. Uma de minhas mestras espirituais, a doutora Zoe Marae, foi quem me ensinou esse mantra. Segundo ela, o apego é um estado de ausência de sentimento (e pensamento). Sentir significa experimentar sensações no corpo. A ansiedade é um estado de ausência de sentimento. Sem dúvida, você pode ter pensamentos de ansiedade e remoer preocupações; no entanto, o medo o impede de experimentar de fato o que está sentindo.

Depois de recitar esse mantra, retraia o umbigo, projete-o para a frente e expire. Note como sua inspiração vai se tornando mais vigorosa. Repita isso algumas vezes e logo experimentará suas sensações (seus sentimentos) sem se preocupar com resultados.

Estar firmemente enraizado em meu corpo me dá paz.

Enraizar-se no momento presente é parte essencial da transformação da ansiedade. Visualize uma árvore grande e velha. Repare em seu forte sistema radicular e em seus galhos flexíveis. Imagine a calma da árvore e a nutrição que ela fornece ao ambiente. Você não é diferente dessa árvore. Você também possui um forte sistema radicular, capaz de oferecer paz e segurança.

Frequentemente, quando você sente medo, a energia fica paralisada na área do coração e do plexo solar (a área do umbigo). Ao usar esse mantra, relaxe o plexo solar e, ao expirar, imagine que está direcionando sua energia ao longo das pernas até o chão. Sinta-a atravessando a Mãe Terra e chegando ao centro do planeta. Faça com que o mantra ampare sua energia, enraizando-a na terra graças à visualização da árvore.

O universo me ampara generosamente.

Se você quase nunca pede ajuda e insiste em carregar o mundo nos ombros, talvez deva conhecer esse mantra. Aceitar preocupações e problemas sem consideração por si mesmo faz a vida parecer pesada e aborrecida, em vez de leve e interessante. Se você achar que ninguém o ajuda, o universo lhe devolverá essa atitude. Em vez disso, reconheça que não são apenas as coisas e pessoas à sua volta que podem ajudá-lo. Você conta também com o apoio do universo – de muitas maneiras, uma equipe espiritual –, a quem pode recorrer por intermédio dos mantras.

Agora que me livrei do excesso de estresse, sinto-me à vontade e tranquilo.

O pânico é como um tapete puxado debaixo de nossos pés. Nem todo estresse é ruim, mas às vezes você o tem em demasia. Se entrar em pânico, concentre sua percepção nos grupos maiores de músculos (coxas e nádegas), tentando relaxá-los. Comece a recitar esse mantra com os pés pousados no chão. Você poderá também esfregar o alto das coxas com as palmas das mãos, numa espécie de massagem, enquanto recita. A combinação de mantra e conexão com os grandes músculos irá acalmá-lo.

Neste momento, estou sentindo o fluxo de luz.

Preocupar-se com o futuro esgota a energia. É um meio contraproducente de tentar controlar os resultados. Quanto mais você procura assumir o controle, mais preso, mais emocionalmente frágil e mais oprimido se sente. Trate seu corpo como um aliado. O que ele está tentando dizer a você? Aceitar o corpo como um canal de luz e de amor coloca você no momento presente, em que medo e preocupação não existem. Se costuma focar o que tem a fazer ou o que não foi feito, recite esse mantra no começo e no final do dia.

Vai ser melhor do que penso.

Esse mantra leva-o para além dos pensamentos, lembrando-lhe que eles jamais captarão as possibilidades e a magnificência que o aguardam quando você deixa para trás os sentimentos e se desapega das ideias.

Quem me ensinou esse mantra foi Zoe Marae, ph.D. Ela o descreveu como um meio de barrar o que chama de "repetidores". Repetidores são o que você atrai para sua vida com base em velhos padrões. Recitar esse mantra abre a porta para novas formas de ser e, quando isso ocorre, novas percepções afloram. Segundo Candace Pert, autora de *Molecules of Emotion*, as sensações criam percepções. Graças a esse mantra, você terá sentimentos bem mais abertos e passará a ver o mundo de outra maneira.

Estou aprendendo a me comunicar de modo sereno e edificante.

Aprender a se comunicar de modo eficaz é uma das maneiras indicadas para levar uma vida feliz e sem medo. Os mantras nos ensinam a pôr mais energia na comunicação em si do que nas palavras. Estas possuem energia, é claro, mas ouvir as de baixa vibração (por exemplo, "Que droga!") não significa que tenhamos de reagir a elas. Sinta a energia sem fazer julgamentos. Não se concentre no significado de uma palavra, observe a energia que ela veicula. Por exemplo, se alguém diz "Que droga!", observar a energia lhe dá informação (orientação) para deduzir que essa pessoa deve estar arrasada ou presa a uma situação ruim. Então, você pode responder assim: "Parece que você está numa pior". Essa resposta é bem mais eficaz para libertá-la do que tentar resolver o problema da pessoa ou se juntar a ela na frustração.

Estabelecer limites claros e condizentes é coisa fácil e natural para mim agora.

Estabelecer limites claros é como ganhar um bilhete para a liberdade. Os limites são uma forma de respeitar as próprias necessidades e as alheias. Sem eles, você provavelmente enviará ao universo mensagens confusas. Uma parte dirá sim, a outra dirá não.

No começo, o mantra talvez pareça um pouco estranho ou incômodo de recitar. Não desanime por causa disso. Se você não se sente à vontade, quer dizer que poderia realmente se beneficiar dele. Recite-o várias vezes por dia. Observe seu corpo e respire uma ou duas vezes após terminar.

Agora que a coragem, a força e o amor entraram em ação, qualquer sombra de dúvida foi eliminada.

Imagine que as dúvidas sejam como manchas numa vidraça. Essas manchas disfarçam desagradavelmente aquilo que você está tentando ver lá fora. As dúvidas produzem o mesmo efeito em sua energia, que fica opaca e bloqueada. Use esse mantra para transformar a dúvida em coragem. Faça isso como se estivesse limpando uma vidraça. Sugiro que você se sente ou fique de pé, bem ereto, ao recitar o mantra. Procure senti-lo verdadeiramente em seu corpo.

Querido corpo, você está livre e seguro.

Se você costuma recorrer à comida para sentir tranquilidade e alívio, sem dúvida treinou seu corpo para processar sentimentos por intermédio do que come. A comida não é um meio de processar sentimentos; ao contrário, com isso seu corpo pode começar a armazenar problemas não resolvidos. Os problemas acabam por provocar o autodesprezo, e as pessoas que os armazenam sobrevivem num estado de autopunição ou autossabotagem inconscientes. Isso se traduz no ato de comer impulsiva, voraz e irracionalmente. Se você sentir vontade de comer sem ter fome, pare, recite esse mantra e respire. Repita todos os dias, conforme necessário, sobretudo depois de petiscos ou refeições.

Neste momento, proclamo a independência do choque.

O choque confere a seu corpo a capacidade de vencer perturbações súbitas, como uma morte ou um acidente. É assim que seu corpo o protege da ansiedade e do estresse extremos. No entanto, passado o acontecimento, o choque pode fazê-lo sentir-se entorpecido e paralisado, o que torna difícil para você mostrar afeição aos outros.

Pense no choque como uma parede de tijolos que mantém o medo e a ansiedade no lugar. Se você achar que o choque permanecerá insolúvel em seu corpo, recite esse mantra, respire e visualize a parede se desmoronando aos poucos.

Estou protegido pela luz dourada que me cerca agora.

O medo de voar ou o nervosismo que precede as viagens em geral podem impedi-lo de visitar a família ou conhecer novos lugares. Deixe que esse mantra acabe com seu nervosismo e fortaleça sua energia. Procure recitá-lo ao menos vinte vezes por dia, um bom tempo antes de seu voo. Feche os olhos e visualize a luz protetora que o envolve. Quanto mais familiarizado você ficar com esse mantra, com bastante antecedência, mais poderoso ele se tornará. Assim, quando você o recitar dentro do avião, ele sem dúvida lhe dará muita segurança.

Eu sou (inspire, expire) calmo. Posso fazer isso.

Esse mantra é para as pessoas que se sentem nervosas ao falar em público. As palavras "eu sou" são as mais poderosas que alguém pode proferir. Pense nelas como capazes de pôr em movimento aquilo que você decidiu criar. Nesse caso, você age com calma ao aceitar o nervosismo. Sinta-se evoluindo – e saiba que, com a prática, o medo pode e irá dissipar-se. Pratique o mantra diante de um espelho e note como ele o fortalece.

Estou recebendo força por meio da vulnerabilidade.

A ansiedade social se deve, muitas vezes, ao medo do julgamento alheio e à crença na própria incapacidade de enfrentar determinadas situações. Esse nervosismo e essa preocupação, se não forem encarados, podem evoluir para sintomas de ansiedade. Esse mantra lembra que justamente aquilo de que você tem medo (vulnerabilidade) pode lhe conferir poder. O ato de reconhecer a própria vulnerabilidade realmente empodera. Ao recitar esse mantra, veja-se passando de indefeso a corajoso.

4
Mantras para o Amor

"O amor que você refreia é a dor que você carrega."
– Ralph Waldo Emerson

O que os mantras têm a ver com o amor? Tudo! Quando recitamos mantras, optamos por acolher o amor em nossas vidas. Eles não induzem a amar nem fazem acontecer relacionamentos de conto de fadas. Os mantras trabalham com aquilo que o amor é: energia, vibração e luz. Como você também é feito de energia, vibração e luz, você é amor. Os mantras removem os obstáculos à percepção desse fato. Sem esforço, eles derramam amor e luz sobre você, que começa então o processo de criar algo novo.

Há mais amor no universo do que a mente humana poderia conceber. Estratégias para encontrar o amor, como desejar, tentar, pedir, esperar, implorar e às vezes até sonhar, nem sempre funcionam. Quando muito, fazem o amor parecer um objeto, algo que você tem e precisa consolidar ou algo que perdeu. Os mantras o afastam delicadamente de toda essa baboseira. Os mantras de amor são como beber água. Faça um mínimo de oito repetições por dia. Escolha um ou vários, pouco importa, mas permita-se ser hidratado pelo amor.

Este capítulo oferece uma profusão de mantras. Alguns lhe proporcionam os meios para se amar mais intensamente; outros estimulam os relacionamentos e as situações amorosas.

Gosto de ser eu.

Ser você significa ser capaz de fazer aflorar seus próprios pensamentos, sentimentos e crenças com dignidade e respeito. Isso não quer dizer que precise se ocupar até das mínimas coisas. Você se compara aos outros ou questiona suas habilidades e seus pontos fortes? Encare essas dúvidas como um sinal de que está se afastando de seu senso de ser. Seu caminho é sempre moldado pelo modo como responde ao que acontece em seu íntimo. Para retomar o curso certo, preste atenção ao agora e recite esse mantra.

Vivo e respiro no coração de Deus (e/ou do Universo).

O amor divino acontece quando o amor humano (a capacidade de sentir e contatar a energia dentro de nós) e a energia universal se juntam. O amor divino é nossa unicidade com a criação. Alguns chamam isso de Deus, outros de Universo. A escolha é sua. Desde que as palavras provenham de um espaço amoroso, sinta-se livre para usar a frase que lhe pareça mais cômoda e abrangente.

Acreditar é receber. Acredito no amor.

Quanto mais você acreditar no amor, mais amor receberá. Não podemos receber aquilo em que não acreditamos. É como se ouvíssemos uma conversa de vendedor e não soubéssemos ao certo se estamos comprando só por causa do que ele diz sobre o produto. Quando você não acredita muito em uma coisa, normalmente fica com um pé atrás. Portanto, eu lhe pergunto: você acredita no amor? Pois saiba que a resposta não vem da sua cabeça, vem do seu corpo (coração). Seu corpo sempre diz a verdade – mas sua cabeça gosta de pregar peças.

Deixe o amor crescer.

Seria ótimo se o amor crescesse por si mesmo, mas esse nem sempre é o caso. O amor não cresce automaticamente só porque seu casamento é um sonho. Ele cresce devido à atenção, à intuição, à criatividade e à vontade de adotar práticas como os mantras na vida diária. A boa notícia é que as sementes do amor não morrem nunca. Esse mantra é como colocar uma planta ao sol e regá-la. A escolha e a dedicação estimulam o amor a crescer.

Agora que confio plenamente em minha energia, o amor flui livremente em mim.

Você pode dedicar sua energia ao amor ou ao medo. Tudo aquilo que está à sua frente está também em seu íntimo. Acredite no que sua energia lhe diz sem fazer julgamentos. Se sentir medo, reconheça-o, mas não se prenda a ele, preferindo dar as boas-vindas ao amor. Quando você põe fé em sua energia, desenvolve uma percepção apurada – uma maneira de ouvir o coração e fazer o que é certo.

Meu coração é um templo repleto de amor e luz.

Quando os mantras permeiam sua energia, sua luz (energia) se torna mais intensa, e então você deixa de levar certas coisas para o lado pessoal. Essa é uma das maneiras pelas quais você reconhece que começou a aceitar o amor. Sem dúvida, ainda terá ideias de insegurança ou mesmo de sofrimento, mas pensará menos nelas, que se tornarão uma experiência passageira, não uma história à qual irá se apegar. Considere seu corpo um templo – o santuário da chama do amor – enquanto recita esse mantra.

Agora, deixo que minhas células vibrem ao influxo do amor.

Nossas células são feitas de moléculas e átomos em movimento. As células desempenham um papel importante em nosso sistema de comunicação física. São o alicerce de nossos componentes corporais (por exemplo, músculos, glândulas, órgãos), mas também enviam e recebem mensagens do universo. Os mantras se comunicam com as células por intermédio do som e da vibração. Quando você recita esse mantra, estabelece contato com a atividade interna de seus pensamentos e sentimentos. Encha suas células de luz, e o poder que elas têm de comunicar-se aumentará, deixando você mais alegre e saudável.

Livrei-me de todas as condições e dos padrões negativos, bem como das restrições ao amor. Portanto, todos os caminhos estão, agora, abertos para mim.

"Bloqueios do amor" são condições e crenças contraproducentes relativas ao amor. Uma dessas crenças mais comuns é a de que o amor precisa ser conquistado, provado ou retido com todas as forças. O amor pode também ser algo que você acredite dever dar aos outros conservando muito pouco para si mesmo. Essas são falácias que bloqueiam nossa capacidade de dar, receber e vivenciar o amor. Quando você recitar o mantra, talvez alguns desses bloqueios venham à tona. Não os reprima. Respire, concentre-se no canto e deixe que eles saiam do seu corpo. Recite quantas vezes quiser.

Amar a mim mesmo agora ficou mais fácil. Estou aprendendo a ouvir as necessidades do meu corpo e do meu espírito.

Remoer problemas ou preocupar-se com o futuro diminui nossa capacidade de entrar em sintonia com o amor. Se você questionar seus relacionamentos ou pensar que certas coisas em sua vida não darão certo, afetará o amor dentro de você. Em vez de prosseguir com esses padrões, concentre-se no amor a si mesmo. O amor a si mesmo não é tão complicado e perturbador quanto se supõe. O ato de parar para beber um gole de água é uma demonstração de amor. Atentar para a temperatura da água que escorre por seus dedos quando lava a louça é uma das maneiras de fazer contato com o amor. O amor existe no momento; existe agora, enquanto você lê. Repare, sem julgamento, no modo como seu corpo responde às experiências e interações do cotidiano. Absorva momentos que propiciem suas conexões com o agora. Tudo isso faz parte do amor.

Paixão: é isso que sou!

Graças à paixão, você consegue ver o mundo em cores. Quando insiste em comparar e contrastar, cultiva o pensamento em preto e branco (tudo ou nada). O pensamento em preto e branco estreita seu foco. Quando isso ocorre, você fica preso ao tempo e às responsabilidades; mas, quando vê as coisas com paixão (cor), vive no fluxo (atemporalidade). Claro, continua agindo, mas sua vida é impulsionada pela paixão, não pela insistência em controlar o curso de seus dias.

Amar a mim mesmo agora aumenta minha capacidade de refletir o amor e a força que há nos outros.

Quando você conhece pessoas que sofrem, ou vive com elas, é tentador querer lhes dar parte de sua energia. Isso acontece porque você as vê como carentes de energia. Se vemos uma pessoa que não tem o suficiente de algo, tornamo-nos reflexo de seu medo e sua dúvida. Ver os outros como são (providos do suficiente) exige um mantra que nos faça reflexo de seu amor e sua força. Estaremos então refletindo o amor e a força que eles já têm dentro de si. Recite esse mantra antes de entrar em contato com a pessoa ou se sua mente insistir em se concentrar na dor dela ao longo do dia.

Apelo para meu eu superior e imagino que estou amando você agora, a despeito de nossas diferenças.

Amor incondicional é querer bem a você mesmo e aos outros sem limites nem condições. Sejamos francos, às vezes certas pessoas nos deixam malucos. E pensamos então que, se elas pararem de fazer isto e mudarem aquilo, as coisas melhorarão. Se você se concentrar mais em falhas que em pontos positivos, recite esse mantra. Recorrendo ao seu eu superior, você passará a aceitar situações que pensava jamais poder admitir.

Estou cheio de vitalidade e juventude.

O amor literalmente rejuvenesce. Faz isso aumentando nossos níveis de endorfina e diminuindo a produção de hormônios do estresse, como o cortisol. O amor é uma de nossas emoções vibracionais mais intensas. O movimento da energia limpa e nutre o corpo, a pele, a mente e os órgãos internos. Concentre-se no amor diariamente e você ativará os genes responsáveis por dar mais graça e descontração à sua vida.

Tenho consciência do meu tom, das minhas palavras e das minhas ações quando decido corrigir crianças com base no amor e no respeito.

As crianças aprendem mais observando nosso comportamento do que ouvindo nossas palavras. Uma das coisas que elas aprendem é a ideia que você faz do amor. Se seu tom é rude ou desdenhoso, elas ficarão apavoradas, com medo de errar. Quando as corrigimos em tom firme, calmo e respeitoso, elas aprendem que as coisas não precisam piorar antes de melhorar. Para isso, é necessário que você cuide de si mesmo. Isso também exige disciplina. Se os pais reservarem um tempo para si diariamente, suas qualidades de educadores se aprimorarão e darão melhores resultados.

Meu coração me conduz agora; escuto o que parece certo.

Muitas pessoas recebem instruções para fazer uma coisa, mas seu coração lhes diz para fazer outra. Se uma coisa lhe parece certa em seu coração, provavelmente ela o é para você. No íntimo, você pode duvidar de suas escolhas; entretanto, seu coração quase sempre o reencaminha gentilmente para aquilo que é certo. Vá com ele. Escute-o. O coração sabe o caminho para a consciência. O coração é muito inteligente. Quanto mais você o escuta, mais forte se torna sua capacidade de fazer o que é certo.

O amor é forte e generoso.

A generosidade não é algo fácil de cultivar. Se você não gosta de partilhar o que possui, então esse é o mantra ao qual deve recorrer. Recite-o diariamente e procure descobrir maneiras simples e modestas de começar a dividir seu tempo, sua energia e seus recursos. Isso pode ser tão fácil quanto dividir uma refeição. Observe como se sente sendo generoso. Medos e ansiedades vêm à tona? Talvez você receie não ter o suficiente ou ache que, de algum modo, seu dinheiro e seus recursos são limitados. Esses receios o forçarão a conter-se e o farão sentir-se medroso ou culpado. Encontre uma área onde possa ser generoso e trabalhe-a regularmente com esse mantra.

A luz em mim vê a luz em você.

Esse mantra é a interpretação da palavra *namaste*, pronunciada com frequência após uma meditação ou uma aula de yoga. "A luz em mim vê a luz em você" equivale a "o que há de bom em mim vê o que há de bom e honroso em você". Quando recitar esse mantra, saiba que ele não se aplica exclusivamente a pessoas. Pode ser endereçado a uma árvore, um animal e mesmo uma ideia. É uma maneira delicada de abençoar o mundo e seus reflexos (vibrações energéticas) em volta de você.

O amor cura a fonte dos sintomas que estou sentindo agora.

O amor é conhecido por suas virtudes curativas. Pense nos animais de estimação, que são muitas vezes levados aos hospitais para ajudar na cura dos pacientes. Por que isso acontece? Porque os animais de estimação transpiram amor incondicional. Com esse mantra, você pode muito bem substituir "aqueles sintomas" pelos sintomas que está experimentando agora. Por exemplo, "O amor cura a fonte da preocupação agora" ou "O amor cura a fonte da tensão em meu pescoço e minha mandíbula agora". Você pode também substituir sintomas por dinâmica. Por exemplo, "O amor cura a dinâmica entre minha irmã e mim agora".

5
Mantras para o Perdão e a Aceitação

> "Recite mantras para limpar a Alma.
> Meditações para limpar a Mente.
> Banhos para limpar o Corpo."
> – Yogi Bhajan

O perdão não é um ato ocasional, mas uma prática diária. E não apenas a prática de perdoar, mas também a de saber quando nosso corpo está necessitando de perdão. Assim como nosso corpo nos envia sinais quando estamos com fome ou cansados, recebemos sinais para renunciar à cólera, ao ressentimento e até ao ódio. Alguns desses sinais incluem as sensações de doença, tristeza, esgotamento e amargura. Esses são estados que se manifestam quando não perdoamos. A energia deles carece de movimento, o que os faz ficarem reprimidos e congestionados no corpo. Com o tempo, essa congestão de energia pode levar à ansiedade, à depressão e à doença.

Culpa e vergonha, como se sabe, também nos privam do perdão. Você se sente culpado por alguma coisa e, inconscientemente, se pune evitando perdoar. Muitas pessoas não gostam de ceder às emoções. Talvez tenham testemunhado expressões pouco saudáveis de emoções na infância e feito votos de nunca se permitirem agir daquela maneira. Como você deve ter adivinhado, essa tática raramente funciona a longo prazo. Por fim, você terá de encontrar meios de vivenciar suas emoções de maneira saudável. Do contrário, correrá o risco de suprimir a energia da dor física e emocional.

Mahatma Gandhi disse: "O fraco jamais perdoa. O perdão é uma das características do forte". Os mantras são uma maneira reconfortante e inofensiva de pôr em movimento a energia velha e congestionada, de modo que você fique forte o bastante para se perdoar e perdoar aos outros. Quando isso ocorre, as lembranças firmemente enraizadas de antigos ressentimentos e feridas começam a diluir-se. Essas lembranças são armazenadas tanto consciente quanto subconscientemente. Só porque você não está pensando no passado não quer dizer que seu corpo não responda a ele. Os mantras são um ótimo recurso para você se soltar, perdoar e receber a energia que se encontra à sua disposição.

Aceito tudo o que existe e não me oponho a nada, pois sou a energia de Deus.

Aceitação é bem mais que receber alguém num grupo ou tolerar diferenças. Aceitação é ter força para assumir total responsabilidade pelas experiências da vida. Perdão e aceitação implicam a posse plena daquilo que se conhece e também daquilo de que não se tem plena consciência. Por exemplo, alguém lhe diz que você o magoou profundamente. Você não concorda ou não vê de que maneira possa ter feito isso. A verdadeira aceitação significa assumir responsabilidade pela situação que se apresenta, independentemente de quais sejam as evidências. Você talvez nunca encontre a evidência física e concreta que sua mente procura, portanto é melhor ouvir seu coração (corpo): ele lhe apontará o caminho do perdão.

Estou pronto para assumir, de bom grado, plena responsabilidade por meus atos.

Ao recitar esse mantra, tenha em mente que sua intenção não é admitir culpa e sim restaurar uma confiança respeitosa em outra pessoa ou em si mesmo. Desculpar-se é muito mais que admitir os próprios erros. A verdadeira desculpa lhe permite libertar-se do peso da culpa e da decepção. Desculpas sinceras não têm alternativa e são uma energia incrivelmente poderosa para restaurar a confiança e a harmonia.

Amo você. Lamento. Por favor, perdoe-me. Obrigado.

Esse cântico havaiano (um cântico de prece ho'oponopono) é dos mais poderosos. Ao recitar o mantra, você assume total responsabilidade pelo que lhe acontece. O cântico se dirige ao karma e ao modo como as coisas, em sua vida, se apresentam devido ao que lhe sucedeu em uma existência anterior. Esforce-se para seguir a recomendação de frequência tradicional com esse mantra: tente repeti-lo 108 vezes diariamente, por quarenta dias. Você ainda vai se beneficiar caso faça menos que isso, mas, se estiver em circunstâncias difíceis ou se pessoas próximas enfrentarem muitos problemas, o melhor será insistir nas 108 repetições.

Quero transformar, agora, a vergonha na mais intensa luz vibracional.

A vergonha é uma das energias vibracionais mais baixas do corpo. Ela se deposita pesadamente no corpo, incrementando o desprezo por si mesmo e a culpa. Deixada à própria sorte, a vergonha pode fazê-lo sentir-se indefeso, pouco atraente, invejoso e inseguro. Livre-se das amarras da vergonha, convertendo-a na leveza da energia de alta vibração. Nada de amedrontador resiste a essa luz. Permita que o mantra lhe dê uma voz para exigir seu poder. Não deixe que sua história o defina. Recitar o mantra em voz alta para si mesmo ajudará a liberar essa emoção e tudo o que esteja ligado a ela.

Assumo plena responsabilidade por meus pensamentos, crenças, sentimentos e ações. Agora.

O perdão é algo bem difícil de conceder quando você se julga vítima. Se alguma vez sofreu *bullying* ou abuso, sabe que ser vítima é bem real e doloroso. Pense nisto: ser vítima significa culpar alguém ou alguma coisa. Se você carregar para todo lado a energia da culpa, estará renunciando a seu poder. Estará dizendo: "Esta pessoa ou situação tem poder sobre mim". Permita que o perdão o liberte.

Desato, por meio do centro do coração, todos os nós que me impedem de amar e conhecer verdadeiramente meu Criador.

Apegar-se a mágoas e ressentimentos passados prejudica o relacionamento entre você e seu Criador. Quando você faz o possível para superar esses ressentimentos e estreitar essa conexão, não é de surpreender que muitas de suas mágoas anteriores não só se dissipem como se transformem em vibrações mais elevadas de afeto. A fé é a melhor maneira de gerar perdão. Repita esse mantra quando você se descobrir remoendo velhas histórias de mágoa, vergonha e evasão. Após algumas repetições, pare um momento para soltar todo o ar dos pulmões.

Libero a energia que me amarra a você.

Nós, na verdade, não nos afastamos de pessoas; nós nos afastamos da energia. Sem dúvida, sua "história" com alguém é a cola que os mantém unidos. Entretanto, é a energia por trás da história que mantém essa dinâmica em funcionamento. Pense nessa dinâmica como uma teia de energia. Desemaranhando-se da história, você liberta também as pessoas envolvidas (e não só você). Ao recitar o mantra, visualize esses laços como uma rede emaranhada de pescador que vai aos poucos se soltando de seu coração.

Invoco a bênção da graça divina para perdoar agora.

A graça provém da misericórdia divina e, quando combinada com o livre-arbítrio, tem o poder de livrar a pessoa de seus fardos. Perdão é privilégio. Ele livra você do karma negativo e abre seu coração para receber o amor. Invocando a graça, você pede ao Criador que o livre do peso de seu fardo. Não se esqueça de respirar enquanto recita o mantra. Depois de expirar, faça uma pausa e sente-se em silêncio.

Prefiro ir para dentro em vez de ir para a frente.

Quando se trata de perdão, não se vai para a frente; vai-se para dentro. Sua postura e suas experiências de vida podem mudar, mas você só se liberta realmente quando vai fundo dentro de si mesmo. Da próxima vez que se ouvir dizendo "Preciso ir para a frente" ou "Se eu conseguisse parar de pensar em tal pessoa ou situação", recite esse mantra, que direcionará sua atenção para dentro. Se você mergulhar em si mesmo, sua percepção mudará e você perceberá que, para começar, nem havia coisa alguma para pôr de lado. Aquilo que achava necessário rejeitar se transforma em algo que você aprendeu a valorizar e a respeitar.

É isto que escolho agora.

Se estiver remoendo falhas e equívocos, você próprio se transformou no equívoco. Isso pode ter sido aprendido na infância. Em algum ponto do trajeto (talvez na escola), você aprendeu que os equívocos são um indício de fraqueza ou perversidade. Crescer e aprender com as experiências passadas substitui a palavra "equívocos" por "escolhas". Em vez de encarar uma situação como equívoco, procure fazer uma escolha nova. Por exemplo, veja-se crescendo, capaz e feliz, dizendo para si mesmo: "É isso que escolho agora".

Reverencio a sabedoria que neste instante se revela.

Dizer mentalmente "sinto muito" pode parecer algo bom, sobretudo se você tem sido muito duro consigo mesmo ultimamente. A autocrítica pode ser muito prejudicial ao espírito humano. Ficarmos presos ao que fizemos a nós mesmos ou aos outros evoca sentimentos de angústia e tristeza. A longo prazo, isso não nos beneficia como poderíamos pensar. Em vez de lamentar-se, acate a sabedoria que se revela por meio de você agora. Seu corpo sabe a verdade; ele não precisa que você se atormente com nada. O mantra o convida a ser grato por ter a lucidez de conhecer suas verdades.

Sou o perdão em ação.

Um aspecto do perdão pouco reconhecido ou discutido é a permissão que você se dá para voltar a viver no presente em vez de insistir em escolhas do passado. Voltar ao presente é o modo como o perdão age. Se você estiver preso ao passado, ou ansioso quanto ao futuro, sua energia refletirá exatamente isso. Quanto mais viver no presente, mais movimentos energéticos terá. O movimento da energia interior rompe as barreiras das experiências passadas.

Sou isso.

O apego a feridas, hábitos ou situações negativas é extenuante. Esse mantra apela para sua energia superior a fim de estimulá-lo e recuperá-lo. Você é um ser energético e o mantra lembra-o disso. Respire fundo antes e depois de recitá-lo. Repita cinco ou seis vezes em sequência, de olhos fechados e direcionando a respiração para seu centro (parte inferior do abdome). Dilate o abdome ao inspirar e retraia-o ao expirar. Você realmente é isso!

Agora tenho disposição e energia para criar novos pensamentos e crenças.

O perdão é um dos recursos mais poderosos para adquirir energia. É como colocar uma máscara de oxigênio num ambiente despressurizado. No começo, é esquisito e mesmo irritante, mas, depois que o oxigênio começa a fluir, a pessoa se sente alerta, recuperada e livre. Considere esse mantra um meio de estimular sua energia antes ou depois da prática do perdão. Sem isso, você talvez se veja voltando aos velhos modos de encarar o mundo.

Festejo a mim mesmo hoje!

Há muitas coisas que festejamos na vida: nascimentos, metas cumpridas, aniversários etc. Esse mantra nos lembra que precisamos reservar um tempo para reconhecer nosso progresso, mesmo que ele nos pareça modesto. Algo simples como desligar o celular para ter um pouco de privacidade pode ser um grande passo. Festeje hoje sua força, sua vontade de perdoar-se e aos outros. Perceba quanta honra e quanta coragem são necessárias para praticar essas ações.

Rejeito a ideia de não perdoar, apoiada pela consciência coletiva.

Esse mantra diz respeito àquilo que nos separa da unicidade: religião, política e pontos de vista culturais. Ter a liberdade de escolher nossa religião e votar em quem acreditamos que servirá melhor nosso país é um privilégio. Contudo, se você descobrir que está preso a sistemas de crença coletivos que alimentam a negatividade, a raiva e mesmo o ódio, logo sentirá o impacto adverso dessa consciência coletiva. A unidade é importante, sem dúvida, mas respeitar diferenças é imprescindível para a evolução. Esse mantra ajudará você a se livrar da negatividade.

6
Mantras para a Cura

> "Por isso, vos digo que tudo quanto em oração pedirdes, crede que recebestes, e será assim convosco."
> – Marcos, 11,24

Curar-se é voltar a ser completo. Ajudar você mesmo a curar-se pode ser um processo tanto mental quanto físico. A ciência do corpo e da mente já confirmou que, se você insistir em ser doente, fraco e combalido, influenciará negativamente suas crenças a respeito da cura. Além disso, sabe-se que essas influências negativas desaceleram e, em alguns, casos alteram o curso das terapias. Por outro lado, pesquisas com o efeito placebo mostram o poder da mente na cura. A escritora Lissa Rankin, em *Mind Over Medicine*, declara: "Cerca de metade dos pacientes de asma tem seus sintomas aliviados com um inalador inócuo ou com a acupuntura sham. Aproximadamente

40% das pessoas que sofrem de dores de cabeça sentem alívio quando recebem placebos". Uma pesquisa citada na edição de novembro de 2013 do periódico *Nature* aventa a possibilidade de que a felicidade pode melhorar o sistema imunológico e tornar a pessoa mais saudável.

Imagine seu corpo como uma esponja sempre pronta a absorver os termos e a mentalidade a que você está exposto. Todos conhecemos alguns dos termos usados na indústria da assistência médica: controle da dor, enfermidade, doença crônica, fraqueza, precaução e medidas preventivas. Esse palavreado pode ser útil para reunir informações com vistas a um diagnóstico inicial, mas, quando invade o tratamento em si, pode realmente interferir com a capacidade natural que o corpo tem para curar-se.

Os mantras, nesta seção, destinam-se especificamente a ajudar você em sua jornada de cura. Baseiam-se na terapia científica corpo-mente e podem ser aplicados a toda uma variedade de situações. Como sempre, faça o que achar mais adequado ao seu caso. E lembre-se: as práticas de mantra são poderosas. Você talvez não veja os resultados de modo imediato, mas isso não significa que a prática não esteja funcionando. Dedique-se ao máximo e ouça seu corpo.

Ahhhhh (inspire e expire), *Ahhhhh* (inspire e expire), *Ahhhhh*.

Esse som muito simples é bem mais poderoso do que se costuma imaginar. Com ele, você está se permitindo ficar livre daquela dor no pescoço (ou em outra parte qualquer!). A tensão muscular é muitas vezes um reflexo da energia que permanece refém no corpo. Em consequência, este fica sem oxigênio. A circulação de oxigênio fresco no corpo ajudará você a liberar a energia reprimida. Vá em frente, encha o abdome de ar. Dilate-o agora, totalmente (como um balão). Abra um pouco a boca e emita um vigoroso som de *Ahhhhh*.

Agora que meus circuitos de amor estão todos ligados, a cura acontecerá automaticamente para mim.

O amor não acontece *a* você; acontece *por meio de* você. O amor é um moto perpétuo. Mesmo quando não conseguimos sentir amor, ele está lá. Tudo que precisamos fazer é dar plena atenção ao momento presente, pois assim nossos circuitos de amor se eletrificarão. A cura é um subproduto do amor. Concentrar-se no amor em nada difere de concentrar-se na cura. Se você estiver no espaço do amor, estará experimentando também a cura.

Apurar a percepção transcende essas sensações agora.

Viver na dor, tanto física quanto emocional, pode conduzir ao pensamento aleatório e, às vezes, impulsivo. Pensamentos como "Estou sofrendo muito, minha cabeça está me matando, sinto-me exausto, preciso de aspirina" e "Sinto-me um lixo" podem realmente acabar com seu bem-estar geral. A passagem seguinte explica como nossas palavras são poderosas: "Há quem tenha a língua como espada, mas a língua dos sábios cura" (Provérbios 12,18). Em vez de remoer a dor, procure transcender seus pensamentos e suas palavras.

Valorizo o movimento.

Às vezes, você consegue curar pequenos incômodos com exercício. A American Heart Association diz que deveríamos reservar 150 minutos por semana para exercícios moderados ou 75 minutos por semana para exercícios vigorosos (ou uma combinação de atividade moderada e vigorosa). Trinta minutos por dia, cinco vezes por semana, é um objetivo fácil de lembrar. Há inúmeros exercícios para o coração: caminhar, fazer uma aula de ginástica ou pedalar na bicicleta ergométrica. Mudanças simples, como deixar o carro um pouco longe da loja ou ir pela escada e não pelo elevador também podem melhorar sua taxa cardíaca. Se precisar de ajuda para se sentir motivado, junte-se a um grupo de caminhada ou contrate um *personal trainer*. Não se esqueça de incorporar alongamentos e exercícios de força à sua rotina. Faça o que for preciso para valorizar o movimento.

Inspirando e expirando.

Esse mantra é para promover a resposta de relaxamento do corpo. O doutor Herbert Benson cunhou a expressão "resposta do relaxamento" em 1975, quando publicou o livro *The Relaxation Response*. Benson sugere que escolhamos "uma palavra-foco, uma frase curta ou uma prece firmemente enraizada em nossa crença religiosa". Experimente palavras como "um", "amor", "união" ou "Deus". Depois de dizer esse mantra, recite a palavra escolhida e em seguida relaxe os músculos da face e do corpo enquanto inspira e expira pelo nariz, enchendo os pulmões (dilatando o abdome ao inspirar e recolhendo-o ao expirar). A palavra ajudará você a apurar a percepção enquanto se concentra no ato de respirar. Essa é a resposta do relaxamento. Ao recitar o mantra, repare que ele direciona sua percepção para a respiração. O relaxamento melhora sua saúde e seu bem-estar geral.

Agora que meus leucócitos e meu baço estão funcionando bem, sinto-me saudável, forte e tranquilo.

Se você ou um conhecido seu tem uma doença autoimune, como diabetes ou mal de Lyme, sabe bem o desafio que isso significa. Enfrentá-lo parece às vezes uma luta sem quartel. Não é incomum ouvir alguém dizer que está "vencendo" ou "combatendo" um câncer. Não lute com seu corpo: esse mantra convida-o a fazer as pazes com ele. Essa atitude, porém, não implica acomodar-se às circunstâncias atuais. Fazer as pazes significa apenas renunciar à luta, respirando e permitindo que seu corpo se cure.

Meu corpo é sólido, minha respiração é leve. Entrego-me ao abraço de Deus e dos arcanjos, agora.

Estar doente, ferido ou debilitado – mental ou fisicamente – pode provocar muito estresse. Às vezes, é bem difícil olhar para um ente querido que enfrenta problemas de saúde. O sono é essencial ao processo de cura, proporcionando ao corpo o descanso necessário para que ele se recupere. Recite esse mantra antes de ir para a cama. Deixe que ele lhe dê coragem e força para alcançar algo maior. Sinta-se à vontade para substituir "Deus e os arcanjos" por outra fonte de sua escolha.

Respiro em paz, expelindo o excesso de estresse.

Sejamos diretos: nem todo estresse é ruim. Ele é, na verdade, uma parte normal, natural e necessária da vida. Entretanto, se seus pensamentos são predominantemente estressantes por natureza ou se você acha que não está mais gozando a vida devido à profusão de ideias e pressões, procure recitar esse mantra. Ele o levará de volta a seu estado mais natural de equilíbrio e tranquilidade. Não se esqueça de respirar ao recitá-lo para si mesmo em voz alta. Visualize a respiração como um conjunto de belas cores (tons de amarelo, azul e verde) que delicadamente entram e saem do seu corpo.

Vivo em harmonia com o universo.

Conviver com a doença ou a aflição significa conviver com a desarmonia. A lei espiritual da harmonia explica que o universo se move naturalmente em direção ao próprio equilíbrio. Sendo feito de energia e fazendo parte desse impressionante universo, você (e seu corpo) funciona da mesma maneira. Se está doente, vive num estado de desequilíbrio. Seu corpo anseia pelo equilíbrio e pelo retorno à harmonia, de acordo com essa lei. Ajude-o a recuperar o equilíbrio com esse mantra. Mas tenha em mente que o equilíbrio parece diferente a cada ser humano. Como todos têm formação e histórias de vida diversas, é melhor não comparar "seu" equilíbrio com o dos outros.

Permito que os trilhões de células em meu corpo vibrem no nível mais alto e saudável possível. Que assim seja.

Observe: embora o objetivo desse mantra seja restaurar, as palavras implicam que a cura já esteja em curso. Ao recitá-lo, imagine que ela acontece exatamente naquele momento. Você transforma suas células e, com isso, faz com que sua energia vibre mais rapidamente. Recite-o se tiver alguma inflamação (por exemplo, dor nas costas e/ou artrite). Também poderá recitá-lo se estiver com elevados níveis de estresse, que podem provocar inflamação no corpo.

Ter meus tecidos, glândulas, órgãos, células e pele livres de impurezas restaura meu corpo.

As toxinas são substâncias químicas do ambiente que comprometem nosso sistema imunológico. Estão nos alimentos, na água e no ar. Pesticidas, poluição e produtos químicos são as toxinas mais comuns que encontramos no dia a dia. Nosso corpo, é claro, se adaptou à maioria delas. Mas, se você for sensível a produtos químicos, esse mantra vem a calhar para seu caso. Recite-o quando estiver no banho ou antes de tomar um bom copo de água. Permita que o mantra penetre a água enquanto ela limpa, relaxa e hidrata seu corpo.

Eu vivo bem.

Precisamos viver bem para nos sentirmos bem. Em vez de nos referirmos ao que não podemos fazer ou às nossas limitações, esse mantra nos lembra que somos ao mesmo tempo os autores e os ilustradores de nossas vidas. Antes de repeti-lo, pergunte a você mesmo: o que significa, para mim, viver bem? Como me sinto nessa situação? O que eu faria se estivesse vivendo bem? Repita o mantra várias vezes e visualize como essa situação lhe pareceria.

Eu sou um agente de cura.

Todas as pessoas são agentes de cura. Talvez você não faça isso como profissão, mas mesmo assim tem capacidade para curar a si mesmo e aos outros. Os agentes de cura usam energia, intuição e consciência superior – justamente as coisas de que você é feito – para produzir bem-estar. Suas mãos são como ímãs que podem (dependendo do conhecimento e da prática) mover a energia. Pequenos gestos como pousar a mão no coração ou na fronte são comportamentos de cura inatos.

É preciso sentir para curar.

A ansiedade e a depressão machucam. Elas não geram apenas sintomas emocionais como nervosismo e melancolia: geram também sintomas físicos como dores no pescoço, fadiga e dores nas costas. Remoer ou ocultar esses sentimentos pode prejudicar seu potencial de cura. Sentir significa dar livre curso a uma emoção (por exemplo, ansiedade) do começo ao fim. A melhor maneira de fazer isso é apelar para a meditação consciente. Uma dica simples: contar durante a respiração (ao inspirar e expirar). Para tanto, dilate o abdome contando até três e, ao expirar, contraia sua parte inferior contando também até três. Isso pode parecer um pouco estranho a princípio, mas, com a prática, você começará a sentir o poder da cura mente-corpo.

Posso confiar sempre em meus instintos e em minha intuição.

Se você estiver indo na onda de alguém ou acreditando piamente nas opiniões e na capacidade de uma pessoa que pretende lhe ensinar como se cura, talvez deva reservar um momento para se sintonizar com esse mantra. Antes de recitá-lo, fique sozinho por algum tempo a fim de encontrar a quietude. Pode também sair para a natureza ou sentar-se diante de uma janela que abra para uma paisagem calma. Feche os olhos e equilibre-se firmando os pés no chão. Pouse as mãos no colo com as pontas dos dedos se tocando levemente (como na atitude de prece). Recite o mantra bem devagar, faça uma pausa e ouça a orientação que receber. Se ainda estiver inseguro, repita-o diariamente algumas vezes até conseguir perceber e sentir sua intuição.

Meu espírito está me curando agora.

O espírito é a nossa parte que tem acesso a capacidades especiais de cura. O espírito somos nós em nossa forma mais pura, e ele é infinito por natureza. Não é a mesma coisa que a alma. A alma está numa jornada que, para alguns, já dura muitas vidas. A alma é sábia e pode lembrar-se do que sucede quando está ligada ao espírito. Se você necessita de cura, esse mantra o estimula a invocar seu espírito, dando-lhe permissão para se revelar a você mais plenamente.

7
Mantras para a Proteção

"Nada pode diminuir o brilho da luz que vem de dentro."
— Maya Angelou

Quando criança, você aprendeu a se proteger de várias maneiras. Ensinaram-lhe a olhar para os dois lados antes de atravessar a rua, a vestir um casaco antes de sair num dia frio e a passar protetor solar antes de ir à praia. Os mantras de proteção são a mesma coisa, com a diferença de que cuidam de seu corpo emocional (sua energia).

Você aprendeu sobre a energia que existe em seu íntimo. Mas há também uma energia que existe fora de você. Seu corpo físico definiu limites; seu campo energético, no entanto, vai bem mais longe. Esse campo lhe confere a capacidade de perceber, sentir e captar a energia (emoções) de outras pessoas. As emoções são contagiosas. Se todos numa sala estiverem chorando, isso provavelmente terá impacto em suas emoções. Os vários tipos de energia que você capta dependem do ambiente, das situações, das pessoas à sua volta e do trabalho que realiza. Se a energia ao seu redor estiver densa e pesada, você sem dúvida irá embora irritado, distraído, exausto ou frustrado. Ficará pensando sem parar na situação e terá dificuldade em permanecer no momento presente ou sentirá medo. Esses são indícios de que absorveu a energia do ambiente onde esteve.

Os mantras nesta seção destinam-se a intensificar sua percepção e a sugerir-lhe enunciados que, quando proferidos, estenderão um escudo protetor à sua volta. Então, sua energia aumentará e ganhará flexibilidade. Você notará isso porque as coisas começarão a ficar mais fáceis. Você se sentirá menos abatido e mais capaz de ver claramente aquilo que lhe permite abrir um caminho rumo à paz interior e à felicidade.

Fazer até aprender a não fazer mais.

Esse é outro mantra que se entranhou em mim graças a uma de minhas mestras espirituais, Zoe Marae. As palavras incorporam o poder do conhecimento e boa parte de sua mensagem provém do ato de cometer "erros" (nos quais não acredito: eles são apenas escolhas). Pense nas ocasiões em que você cometeu exatamente o mesmo "erro" (escolha) algumas vezes. Talvez tenha exagerado na reação a alguma coisa ou falhado na comunicação. Isso acontece, por exemplo, quando você deixa de se proteger da negatividade. Você então retém a respiração, preocupando-se com uma situação antes de vivenciá-la. Pode também imaginar que seu chefe o recriminará por chegar atrasado. A respiração curta e a preocupação deixam você pronto para absorver negatividade. Quase sempre, você só se dá conta disso mais tarde, quando sai da situação e sente-se esgotado ou magoado pelo que aconteceu. O mantra "Fazer até aprender a não fazer mais" nos ensina que às vezes fazemos as mesmas escolhas embora sabendo que não funcionaram antes. Ele me despertou em várias ocasiões e me convenceu de que tenho o poder de modificar o padrão.

Sentir é libertar-se.

Você talvez se pergunte o que esse mantra tem a ver com proteção. A resposta é: "tudo". Quando você não sente nada, provavelmente está confuso ou desligado. As lentes de sua consciência ficam embaçadas com esse tipo de reação, e você não consegue encarar as situações com lucidez e objetividade. Respirar é sentir, e sentir é libertar-se. Respire bem fundo antes e depois de deixar espaços públicos, seu local de trabalho ou qualquer lugar onde esteja suscetível a absorver as emoções dos outros.

Permito que a energia de alta vibração da Mãe Terra me ampare agora. Obrigado.

Ao recitar esse mantra, visualize a natureza. Tente ver mentalmente uma árvore grande e antiga com seu sistema radicular firmemente preso ao chão. Lembre-se de que a terra é feita de energia de alta vibração, ativada pela luz do sol e da lua. Saia para o ar livre descalço, toque as pétalas de uma flor ou sinta na pele os delicados borrifos da chuva. A natureza nos ensina o que é a energia quando esta flui livremente, sem o obstáculo da negatividade.

Purifico e protejo minha energia com a luz desse belo arco-íris.

O arco-íris pode representar a paz, o bem-estar, a intuição e a vida após a morte. É uma das poucas ocorrências do cotidiano que faz você parar e olhar para o céu. O arco-íris é também uma maneira maravilhosa de você se proteger, e proteger aos outros, de influências negativas. Visualize a luz de um arco-íris envolvendo-o por quilômetros, como um plástico bolha, mantendo-o seguro e aquecido. Acrescente tons de branco, amarelo e prata a seu arco-íris. Recite esse mantra antes de ir para a cama e terá uma boa noite de sono.

Estou invocando agora o nível mais alto de proteção para mim mesmo e para minha família. Obrigado.

Com preocupações você não consegue proteger seus entes queridos. As preocupações podem, isso sim, contribuir para uma vida de medo. Proteger é ativar a energia de alta vibração. Invoque-a com sua presença ("Eu estou aqui"). Basta pedir, que ela se porá logo em movimento. Você é uma criatura divina e, por isso, suas possibilidades e seus talentos são infinitos. Se viver uma vida separada do espírito, você se desligará daquilo que é. Proteja-se e a seus entes queridos com amor e luz.

Vivencio meus sentimentos e aguardo o que está por vir.

Muitos de nós aprendemos que emoções são prova de fraqueza ou indício de que algo não vai bem. Nada mais longe da verdade. Graças às emoções, você consegue se conectar consigo mesmo e com outros seres humanos. Esses vínculos representam uma força verdadeira e constituem a forma máxima de proteção. Ninguém nos prejudica quando somos honestos, sinceros e afeitos a vivenciar (isto é, projetar ou liberar) todas as nossas emoções (mesmo as negativas).

Toda resistência se dissolve livremente em mim agora.

Esse mantra lembra a frase "Aquilo a que se resiste persiste". Em outras palavras, se você resiste a sentir-se livre e à vontade, seu corpo aprende a permanecer no estado de resistência. Resistir poderá ser bom se alguém de fato o ameaçar, mas não convém permanecer nesse estado por muito tempo. A resistência paralisa a energia, tornando-a pesada. Ao recitar esse mantra, visualize a resistência se dissolvendo como um sorvete num dia quente ou um picolé ao sol.

Falo em voz alta e me imponho agora.

Uma voz forte não só nos protege como nos dá confiança. Esse mantra o estimula a falar alto, pedir ajuda ou deixar claro a alguém que você está se aborrecendo. Quebre o silêncio e revele segredos que andava escondendo. Reprimir pensamentos e sentimentos pode conduzir a elevados níveis de estresse, ressentimento e insatisfação com a marcha dos acontecimentos em sua vida. A repressão pode também se fixar em seu corpo sob a forma de trauma, preservando lembranças desagradáveis. Use esse mantra para fortalecer sua voz e aumentar sua coragem.

Mergulhar até o centro de mim mesmo me fortalece.

Se você pressente algo negativo ou acha que alguém está sugando boa parte de sua energia, talvez reaja pondo a culpa numa causa externa: pessoa, situação, chamada telefônica ou mesa bagunçada. É como ficar olhando para o indicador de combustível quando seu carro está quase sem gasolina. Em consequência, você se fixa naquilo que receia a ponto de seu corpo entrar em estado de pânico. Graças a esse mantra, você esquece o mundo exterior e mergulha em si mesmo, onde a verdadeira força reside. Sintonize-se com seu corpo, respire e ponha toda a atenção nos pés, pele e pernas. Desse modo, sua respiração se aprofunda e você se sente totalmente protegido no amor.

Dou um tempo com facilidade.

Há dias em que você se sente arrasado ou esgotado. Como quando precisa fazer horas extras no trabalho, por exemplo. Ou quase não dorme porque tem de ficar embalando seu filho recém-nascido. Se esses dias extenuantes persistirem, você começará a pensar que a vida é assim mesmo. Mas eu lhe digo: não é. Esse mantra o ajudará a eliminar pensamentos extenuantes e a se pôr novamente de pé. Não se esqueça de descansar e beber bastante água. Recite o mantra quando começar a se sentir desanimado ou esgotado. Feche os olhos, faça uma pausa e deixe que a energia repouse dentro de você.

Eu sou leve!

Quanto mais leves nós formos, mais atentos nos tornaremos. Emoções como a culpa e a vergonha nos puxam para baixo, fazendo-nos sentir pesados. Mas a culpa e a vergonha não têm chance quando as expomos à luz. O segredo é ficarmos atentos o bastante para reconhecer quando essas emoções se transformam em sintomas como a rigidez do corpo. Isso é importante porque a rigidez diminui a capacidade de respirar. A respiração curta impede que leiamos e escutemos verdadeiramente a sabedoria do corpo. Encare esse mantra como um meio de atrair mais luz para seu corpo.

Meu corpo sempre me protege.

Uma das formas de você se proteger é ouvir as dicas de seu corpo. Quando os cabelos de sua nuca se eriçam ou você sente um impulso urgente de se afastar de alguém, é preciso confiar nessas sensações. Do mesmo modo, se sua agenda está cheia demais, pare e ouça o que é certo para seu corpo, a fim de gerar equilíbrio. Esse mantra o estimula a ouvir a pequena voz que vem de dentro de seu coração (não de sua cabeça). Seu corpo tem algo de muito valioso a dizer-lhe. Confie nele.

Ha, Ha, Ha, Ha, Ha.

O riso é verdadeiramente um remédio. Cura a negatividade, o medo e a dúvida. Os sons de riso *ha* e *he* intensificam o movimento de energia em seu corpo. Se você se sente desprotegido e vulnerável à energia ruim, assista a um filme engraçado ou, fechando os olhos, lembre-se de uma ocasião em que riu muito, a valer. Conviva com pessoas que o façam sorrir e divertir-se. O riso é uma espécie de repelente de insetos: eles caem fora quando pegam medo da substância.

Invoco o Arcanjo Miguel para me proteger e a meus entes queridos, agora. Obrigado.

Tenho de admitir, amo esse cara. Ele não é apenas um mestre espiritual e um arcanjo, é também o protetor daqueles que o invocam. Tem asas poderosas e uma espada azul flamejante, estando sempre pronto a afastar de nós aquilo que não nos serve para nada. Você não precisa ser religioso para invocá-lo: Miguel atende a todos. Quando você recitar esse mantra, imagine-o por perto (em cima, embaixo, ao lado). Relaxe e sinta essa presença angélica. Não pense que pediu demais. A função de Miguel é proteger-nos. E, como a maioria dos arcanjos, ele nos respeita o suficiente para esperar que o invoquemos.

Não tenho medo.

Use esse mantra quando se sentir na defensiva ou preocupado. Digamos, por exemplo, que você esteja discutindo com seu filho adolescente e nervoso por causa do lugar aonde ele pretende ir à noite. Em vez de projetar seus próprios medos na situação, procure se equilibrar recorrendo à respiração. Se você estiver realmente ansioso, talvez deva fazer a posição "tampo de mesa" do yoga e respirar. Para tanto, apoie-se nas mãos e nos joelhos (punhos embaixo dos ombros). Em seguida, encha a parte inferior do abdome ao inspirar e contraia o umbigo ao expirar. Faça isso antes de conversar com seu filho adolescente (ele vai pensar que você está louco, mas e daí?). Caso não aja assim, correrá o risco de alimentar com medos a dinâmica entre você e ele. Estabeleça limites e diretrizes, sem a intromissão do medo, com a ajuda desse mantra.

Estou agora me banhando em sua luz radiante, sol! Obrigado por fortalecer minha aura.

O sol não apenas lhe dá a vitamina D, essencial para manter um humor positivo e ossos saudáveis, como fortalece seu campo energético. Pense em como você se sente bem após se sentar (ainda que por pouco tempo) ao sol. O sol fortalece o campo energético (também conhecido como aura) à sua volta, ajudando-o a tornar-se mais flexível. Se você vive num ambiente negativo ou de alta pressão, procure sair para o ar livre durante alguns minutos diariamente (sobretudo em dias ensolarados). Integre esse mantra à sua rotina diária.

8
Mantras para a Riqueza e a Prosperidade

"Viva como se tudo conspirasse a seu favor."

– Rumi

Robert Kiyosaki, autor de *Pai Rico, Pai Pobre*, define a diferença entre ser rico e abastado da seguinte maneira: "O rico tem muito dinheiro, mas suas contas e finanças não o deixam dormir; já o abastado não se preocupa com dinheiro". Ser abastado significa que você tem abundância de recursos. Preocupar-se com dinheiro esgota a energia. Tal qual um pneu furado, seus medos e preocupações podem deixar você murcho. As preocupações financeiras tendem a ser alimentadas por sistemas de crença sobre medo e carência. Se o dinheiro for algo com que você esteja brigando o tempo todo, este capítulo é para você.

O modo como reagimos à nossa situação financeira pode fortalecer-nos ou empurrar-nos justamente para aquilo que tememos. Suas finanças talvez nem sejam a causa verdadeira do que você sente com relação ao dinheiro. Em se tratando de energia, tudo está interligado. Isso significa que suas preocupações com dinheiro talvez se devam a um relacionamento não resolvido, passado ou presente, com alguém. Digamos, por exemplo, que você se sinta mal pago ou pouco valorizado por seu chefe, sabendo, no entanto, que tem escolhas limitadas. Esse sentimento de não estar sendo valorizado pode se originar de sua desconexão consigo mesmo – seus desejos, sua criatividade e sua capacidade de desfrutar o momento. Não vem ao caso indagar se a abundância está aí à sua disposição; o que importa é se você está totalmente aberto para recebê-la. Quando nos conectamos com a energia da abundância, não parece que estamos trabalhando. A abundância não tem nada a ver com trabalho; é uma experiência baseada no amor, não no medo. Os mantras, nesta seção, levam tudo isso em conta.

Antes de selecionar um mantra, esqueça suas expectativas quanto à forma que a riqueza assumirá. Sem dúvida, todos podemos esperar algum dinheiro... mas fique aberto a outras possibilidades. No meu caso, após entoar os cânticos da deusa Lakshmi (no Capítulo 11), a riqueza apareceu na forma de uma pilha de adubo verde entregue gratuitamente na entrada de minha casa (no valor de 250 dólares!). Estimulo meu fluxo financeiro adotando alguns dos mantras deste capítulo. O segredo é relaxar, divertir-se e não ligar para a forma com que a riqueza se revelará para nós.

Não tenho limites.

O primeiro passo rumo ao eu abundante é esquecer o desejo. Toda vez que você deseja alguma coisa, valoriza aquilo que não tem. Esse mantra lembra-o de que você é um provedor sem limites e tem acesso a recursos ilimitados. Antes que qualquer coisa aconteça no físico, ela precisa primeiro ser criada no não físico (isto é, como energia). Ao recitar esse mantra, veja-se como uma forma ilimitada de luz. Sinta sua totalidade.

Sou rico.

Ao recitar esse mantra, tente perceber quais sentimentos e emoções vêm à tona. Com muita frequência, as pessoas evitam falar sobre sua riqueza porque aprenderam a associá-la à cobiça, à mesquinhez e à ignorância. Em sua mente, formam imagens de ostentação, comportamento insensível ou pessoas de terno e gravata fazendo negócios. Isso são crenças, não verdades. Nem todas as pessoas ricas são arrogantes ou desdenhosas. Essa pode ser uma pílula difícil de engolir. Respire enquanto recita o mantra, ignore os sentimentos que afloram e considere a riqueza em nada diferente da despreocupação. Ter riqueza é muito bom, pois lhe dá a liberdade de ajudar os outros de várias maneiras.

Agora que estou livre de dívidas, posso acumular com facilidade um excedente de energia.

Tenho inúmeros clientes que desejam possuir mais dinheiro, mas vivem com mentalidade de devedores. Essa mentalidade não diz respeito apenas ao dinheiro. Sem uma percepção aguda, você pode ter uma crença subconsciente do tipo "Estou lhe devendo". Por exemplo, se você foi uma criança difícil, pode ter exigido de seus pais muito apoio financeiro e emocional. Tais experiências alimentam, às vezes, a ideia de que você está em débito com seus pais por causa dos problemas (perda de energia) que causou. Considerar-se a causa de alguma coisa leva muitas vezes a comportamentos de autossabotagem, como medo de fracasso ou ânsia de perfeição. Ao recitar o mantra, procure eliminar essa crença autolimitadora.

Ser eu mesmo é o maior dos trunfos, que acelera o fluxo vibracional de tudo que digo ou faço.

Quando é necessário incrementar as vendas ou conquistar novos clientes, muitas pessoas se sentem inseguras para promover novas ideias, novos pensamentos, sentimentos e serviços. Se sua energia é fraca ou duvidosa, as pessoas logo percebem isso. Não importa que tipo de negócio você queira promover, concentre-se antes em aumentar sua energia. Negócios instáveis ou que caminham muito devagar podem ser um indício de que sua energia está se esgotando. Agradeça o apoio do universo e recite esse mantra sempre que pensamentos ou sentimentos inconsistentes lhe ocorrerem.

Estou aberto ao que o universo tem a me oferecer.

Ninguém recebe aquilo que não se permite receber. De fato, "permitir" é um pré-requisito para "receber". A fim de ficar mais aberto ao que o universo tem a oferecer, esqueça o medo de errar. (Um erro é simplesmente uma escolha!) Quando você tem medo de cometer um "erro", esse medo o impede de tentar coisas novas. Ao recitar esse mantra, feche os olhos e imagine uma porta ou janela aberta. Sinta a energia entrando e saindo pela abertura.

Quero subir!

Em se tratando de sucesso, acasos não existem. O sucesso é uma escolha movida a paixão, fé e dedicação. O segredo do sucesso é saber conservar o que se cria. Muitas pessoas conquistam o sucesso, mas então, de algum modo, o medo se insinua e desmantela tudo. Isso pode acontecer quando você começa a exagerar. Por exemplo, se esforçando ao máximo para deixar os outros felizes, em vez de atrai-los para que o ajudem. Tente subir cuidando de você mesmo a qualquer custo. Esse mantra o deixará concentrado naquilo que você faz melhor, deixando que os outros subam fazendo o que sabem fazer.

Estou florescendo.

Esse mantra foi concebido com base na ideia de que florescemos onde estamos plantados. Por exemplo, você pode imaginar ou esperar que, antes de florescer, precisará atingir determinada fase em sua vida, cercar-se de certas condições ou ter mais dinheiro. Isso é uma crença, não uma verdade. Podemos florescer em qualquer área de nossa vida. Quer você seja uma mãe com filhos pequenos, explore um novo *hobby* que lhe traz alegria ou esteja no auge de uma carreira brilhante, seu sucesso e seu crescimento se dão graças ao contato com a energia. Você floresce quando, simplesmente, vivencia o momento atual.

Aprecio tudo o que sou e vivo bem.

Nada aumenta mais a riqueza que a gratidão. Se você praticar a gratidão e o apreço, sem dúvida terá alegria na vida. É certo que vê o dinheiro indo embora nas contas, nas despesas da casa e nos artigos de luxo, mas a gratidão o faz acreditar que ele voltará. Assim como a maré oceânica e a lei da harmonia, tudo naturalmente se restaura e se reequilibra. Considere a possibilidade de manter um diário em que cada verbete comece com esse mantra. Escreva o mantra todos os dias e, embaixo dele, a lista das coisas pelas quais se sente grato.

Depois de acertar meu relacionamento com o dinheiro, sou agora um ímã que o atrai.

Sim, você leu corretamente. Assim como se relaciona com outras pessoas, relaciona-se com o dinheiro – um relacionamento que pode basear-se no medo ou no amor. Esse mantra tem duas faces: cura e atrai ao mesmo tempo. Você não se transforma num ímã de dinheiro apenas tendo as melhores ideias ou mantendo as mais prestigiosas relações. Ser um ímã de dinheiro implica possuir alma e coração. Implica também acreditar em sua capacidade, em suas causas, em seus serviços. Orgulhe-se do que é, esqueça o passado e mantenha a cabeça erguida ao recitar esse mantra. Veja-se como um ímã de dinheiro.

As oportunidades surgem facilmente para mim.

Se você acha que suas oportunidades são limitadas – ou acredita que há poucos empregos, estando os bons já ocupados –, então esse mantra é para você. Saiba que, se perder tempo e energia com aquilo de que não gosta ou com um emprego que o esteja esgotando, essa escolha poderá impedi-lo de criar coisas novas. Recite esse mantra diariamente e evite escolher algo que de nada lhe serve só porque receia não ter outra chance. Oportunidades sempre existem. Que o mantra aumente sua confiança nisso.

Sou um líder.

Mexer com dinheiro exige liderança. Os líderes são conhecidos por sua profusão de recursos. Em outras palavras, eles não hesitam em pedir ajuda e delegar responsabilidades a fim de se concentrar no que fazem melhor. Os líderes também gostam de inspirar e ajudar outros a desenvolverem suas próprias qualidades de liderança. Isso acontece porque acreditam ter algo valioso a partilhar. Antes de recitar o mantra, sente-se e avalie suas qualidades de liderança. Talvez você seja um bom ouvinte. Ou, talvez, competente para organizar as diferentes fases de um projeto. Coloque por escrito quatro ou cinco qualidades e depois recite o mantra.

Gosto de tomar decisões e creio que meus instintos me ajudam muito.

Em parte, viver na abundância significa aprender a gostar de tomar decisões. Isso não quer dizer que, de vez em quando, você não possa recorrer a outra pessoa em busca de orientação ou conselho. Mas, no final das contas, quem põe em prática essas escolhas é você. A boa notícia é que não precisa fazê-las todas sozinho. Recite o mantra, sente-se e ouça sua respiração. Inspire e expire. Isso lhe permite mergulhar em seu corpo para uma meditação leve (ou um momento de repouso). Os instintos podem irromper de repente. Se você estiver ocupado, pensando ou correndo de cá para lá, não conseguirá perceber essa irrupção. Quando desenvolver a capacidade de confiar em seus instintos, tomará decisões com muito mais facilidade.

Mereço tudo que desejo.

A energia não pode ser destruída; consequentemente, seus sonhos também não. Se você quiser uma vida de abundância – seja em saúde, amor ou dinheiro –, ela será sua. A raiz latina da palavra "desejo" significa "do pai" ou "estrela/corpo celeste". Regue seus desejos recitando esse mantra. Tenha a certeza de que já é merecedor e autossuficiente.

Abro o canal para a abundância divina.

Os canais de abundância existem dentro de seus centros energéticos. Um desses centros está entre as sobrancelhas, chamado sexto chakra ou terceiro olho. Ele ativa a intuição, dando acesso a esferas superiores. Feche os olhos enquanto recita o mantra e concentre a atenção na parte posterior das sobrancelhas. Respire dirigindo o ar para esse ponto (inspirando e expirando pelo nariz), a fim de ativar a abundância divina.

Sou livre para produzir abundância.

Se nos encarregarmos da energia alheia, ficaremos paralisados. É como dizer a um amigo que não poderá sair e jantar com ele porque precisa trabalhar. Ficar paralisado numa área nos impede de ter experiências em outra. Sem dúvida, você tem responsabilidades e tarefas a cumprir; mas pergunte-se quanto de sua energia está sendo desperdiçada para facilitar as experiências dos outros. Imagine, por exemplo, uma mãe que prefere não se exercitar porque precisa cuidar dos filhos. Ou que você gerencie um escritório e trabalhe além do horário para que outros tirem férias. Esse mantra o estimula a renunciar à necessidade de zelar pelos negócios alheios. Uma das maneiras de fazer isso é ouvir mais, sem tentar de imediato resolver ou mudar a situação. Com muita frequência, quando têm uma caixa de ressonância, as pessoas são capazes de encontrar suas próprias soluções.

Agora que eliminei o excesso do medo de ser julgado, passo a respeitar meus talentos e pontos fortes.

O medo de ser julgado pode impedi-lo de mostrar seus talentos e suas habilidades ao mundo. Sinta orgulho da capacidade, do conhecimento e da experiência que você tem. Não hesite em tocar sua própria trombeta! Se andou trabalhando nos bastidores, contribuindo para o sucesso de outros, talvez seja tempo de mudar e permitir-se pôr para fora alguns dos talentos criativos e das ideias que acumulou. Inicie o processo com esse mantra.

Tenho confiança e conhecimento para entrar em ação.

Conquistar uma vida de abundância implica certo grau de ação. Primeiro, é necessário elaborar um plano. Pergunte a si mesmo: "Que passos tenho de dar para pôr as coisas em movimento?". Depois de refletir um pouco sobre o assunto, anote esses passos num papel. Não se esqueça de acrescentar os recursos que tem à disposição. Depois, precisará cultivar a energia exigida para pôr o plano em ação. Encare esse mantra como uma maneira de criar energia, a fim de concretizar aquilo que anotou.

Tenho recursos de sobra para cumprir minha agenda.

As pessoas que vivem uma vida de abundância, tanto nos relacionamentos quanto nas finanças, em geral conseguem administrar bem seu tempo. Se você pretende fortalecer o relacionamento com seu filho ou parceiro, busque meios de reservar um tempo para conviver com eles. Não espere que tudo caia do céu. Seja inventivo e aproveite bem o tempo. Por exemplo, se vai levar seu filho a um jogo de futebol, pesquise com antecedência os restaurantes da área. Isso evitará que perca tempo procurando depois um lugar para comer.

9
Mantras para a Paz

> "Como tudo é reflexo da mente,
> a mente pode mudar tudo."
>
> – Gautama Buda

Define-se a paz como a ausência de perturbação; um senso de calma, tranquilidade ou serenidade. Se você tivesse de pintar mentalmente uma imagem da paz, visualizaria uma bela praia, um cenário de montanha ou, talvez, um bebê dormindo. Não há dúvida, a paz é algo que todo ser humano deseja. Entretanto, sem o perceber, você talvez adote certos meios conscientes e inconscientes de procurá-la – e esses meios devem estar impedindo que a paz se estabeleça de modo pleno em sua vida diária. Por exemplo, você pode reservar energias antecipadamente para lidar com problemas ou pessoas. Talvez você tenha, na vida, uma pessoa que exija muito de sua energia e sua atenção. Subconscientemente, você reserva energia para cuidar dela mais tarde, mesmo não estando no momento com essa pessoa. Esse ato acaba por comprometer sua capacidade de cultivar e preservar a paz interior.

Antes de incorporar os mantras seguintes à sua vida, reflita por um momento sobre como você se refere à paz no cotidiano. Eu, por exemplo, me referia a ela da seguinte maneira: "Preciso de um pouco de paz e tranquilidade", "Dê-me um instante de paz" ou "Tudo que quero é sossego". Mas talvez você pense na paz de modo menos direto, ao olhar adesivos e postagens no Facebook que mostram o símbolo universal da paz ou, ainda, palavras como "seja gentil" e "conviva". Certamente, esses símbolos e palavras são bons para promover a paz, mas creio que o mais importante é descobrir a intenção por trás deles. Do mesmo modo que na frase "Só quero um pouco de paz", quando se trata da prática dos mantras, o tom e a articulação fazem a diferença na forma como a mensagem é emitida e recebida. Você pede gentileza às pessoas por achar que há muita grosseria no mundo? Para gerar a paz, temos de nos ver com realismo e descobrir se não estamos exigindo dos outros mais do que exigimos de nós mesmos. Os mantras nesta seção vão ajudá-lo.

Sentir é libertar-se.

Esse mantra se baseia num conceito budista. Segundo Steve Hagen, em seu livro *Buddhism Plain & Simple*,* "O buda-dharma não nos pede que renunciemos ao controle. Em vez disso, ele reconhece que nós nunca o tivemos em primeiro lugar". Esse mantra exorta-o a ver as coisas como são. E a única maneira de fazer realmente isso é buscar o equilíbrio e a paz interior. Então, você conseguirá respeitar o ponto de vista dos outros, o que lhe permitirá tomar resoluções mais serenas.

---

* *Budismo Claro e Simples*, publicado pela Editora Pensamento, São Paulo, 2002.

Sou um rio de paz.

Os rios correm de cima para baixo. A gravidade faz com que a água desça por encostas e vales, entranhando-se em parte na terra e, em parte, continuando seu curso. Ser um rio de paz é a mesma coisa. A paz é uma sensação de alta vibração que atravessa o tempo e o espaço, descaindo para frequências mais baixas como o corpo humano. Ao recitar esse mantra, visualize-o mentalmente, de olhos fechados.

Deixe rolar.

O mantra "Deixe rolar" (*Let it be*) vem da famosa canção dos Beatles com esse título. Às vezes, a melhor resposta aos "tempos de tribulação" é não fazer nada e deixar tudo como está. Quando você perceber que está tentando controlar uma situação ou se decepcionou com os resultados de um esforço, recite esse mantra. Considere-o uma fonte de alívio e força.

Esteja aqui, agora.

Se você se sente disperso ou atribulado, esse mantra o ajudará a recompor-se. A verdadeira paz interior sobrevém quando você se conecta ao momento atual. Antes de recitar esse mantra, apoie os pés firmemente no chão. Imagine-os como raízes de uma árvore encravadas na terra. Agora expire a partir do âmago de sua essência, contraindo o umbigo, e sussurre este mantra para si mesmo "Esteja aqui, agora". E acrescente: "Paz, paz, paz".

Metta.

Metta é uma palavra páli (antiga língua do budismo) com vários significados, entre os quais: amor, paz, não violência, boa vontade, generosidade e outros. Essa palavra é usada também nas comunidades de cura, referindo-se a uma prática afetuosa e gentil. Note que, ao pronunciá-la, a ponta de sua língua toca o palato. Visualize belas cores ao recitar esse mantra. Encare suas palavras como uma poderosa vibração pulsando na atmosfera.

Sou um todo.

Recite esse mantra quando sentir que valoriza demais aquilo que não funciona. Por exemplo, se estiver se concentrando na carência (isto é, o que não tem ou o que lhe falta na vida), lembre-se de que, em primeiro lugar, você é uma alma. Você se originou da luz e do espaço infinitos. Se sua mente insiste na carência, isso é sinal de que você se afastou daquilo que é. Permita que esse mantra o leve de volta à sua totalidade. Visualize o universo e sua infinitude ao recitá-lo.

Já tenho tudo de que preciso.

Organizar o tempo pode ajudá-lo a manter-se em dia com suas tarefas. No entanto, caso se sinta pressionado, tendo de terminar um trabalho numa determinada sequência ou com prazo curto, recite esse mantra. Talvez valha a pena lutar por seus objetivos, mas eles de modo algum medem seu valor. Esse mantra lembra-o de que você já tem tudo de que precisa. Estabelecer metas e perseguir sonhos expande aquilo que somos, não aquilo que esperamos ou desejamos ser.

Louvo plenamente essas sensações e, assim fazendo, louvo também o amor que partilhamos.

Perdas dolorosas e tristeza podem fazer a paz parecer muito distante e esquiva. A dor é uma parte natural e necessária da experiência humana. No entanto, para que ela lhe seja útil, você deve louvar sua presença. Reserve um tempo para conviver com suas emoções, sinta-as e dê-lhes permissão para passarem por você. Rituais como acender uma vela ou dizer uma prece podem ajudá-lo nesse processo. Saiba que não está sozinho.

A paz e o amor fazem meu coração pulsar.

Ao recitar esse mantra, imagine uma bonita luz rósea em volta do centro do seu coração. Deixe que ela permaneça ali enquanto você inspira e expira. Sinta a luz que pousa na frente e atrás do espaço do seu coração, mais ou menos do modo como você acende uma lanterna. Ao respirar, imagine que essa luz vai se tornando cada vez mais forte, irradiando-se em volta de você. Repita o mantra "A paz e o amor fazem meu coração pulsar" e imagine-o percorrendo todo o interior do seu coração, criando, bem lá dentro, um brilho ofuscante.

Espaço de respiração.

Depois de recitar esse mantra, faça a si mesmo algumas perguntas importantes. Onde se localiza meu espaço de respiração? Onde consigo me sentir mais à vontade? Em que parte do dia fico mais tranquilo? Saia um pouco de casa. Investigue os espaços de respiração à sua volta. Talvez atente para uma árvore, para o alpendre de sua casa, para um determinado caminho. Um espaço de respiração pode ser também uma área de sua casa em que você limita as distrações (televisão e/ou computador, por exemplo). Esse espaço pode ser uma poltrona ou um lugar à mesa da cozinha, de onde consiga ver claramente os pássaros pela janela.

Sou compassivo.

Se você é impaciente ou se aborrece com facilidade por causa de alguém ou alguma coisa, recite esse mantra. Ele invoca o aspecto de seu ser que perdoa, é flexível e esquece ofensas. Murmure essas palavras como se estivesse falando a seu coração. Na área do coração, você pode paralisar e, em certos casos, combater a energia velha. Sem ferramentas (como os mantras) e consciência para ajudá-lo a se livrar dessa energia indesejável, você ficará mais tenso e irritado. Respire fundo (dilatando o abdome) e em seguida expire, murmurando essas palavras até ficar sem ar. Force a expiração contraindo o umbigo, para terminar.

Acredito na fé.

A fé é a capacidade de acreditar em algo que necessariamente não vemos. Às vezes, testemunhamos ou ouvimos coisas que abalam nosso senso de paz interior. Então, parece que o mundo inteiro está indo na direção errada. É isso que acontece quando você age inspirado pelo medo. A paz é uma escolha. Só porque você não pode ver uma coisa em determinado momento, não quer dizer que ela não exista. Esse mantra o conclama a ter fé.

(Inspire, expire.)
Essa é minha prática de paz.

Prática é aquilo que você repete diariamente. Pense um pouco: se você quiser tocar bem piano, terá de praticar todos os dias. Isso também se aplica à escrita, à leitura, ao esporte. Cultivar a paz no cotidiano não é diferente. Quanto mais você praticar a respiração, mais a dominará. Só que, em vez de aprender a respirar depressa, você respirará lenta e profundamente, com plena consciência.

A paz ecoa em mim agora.

A natureza está repleta de sons de paz. O som da água tamborilando na vidraça, pássaros cantando ou a brisa sussurrando docemente por entre as árvores podem acalmar seu sistema nervoso. Reserve um tempo para prestar atenção a esses sons em sua vida diária. Se eles se tornarem irritantes (por exemplo, aspiradores de folhas, crianças chorando), aprenda a desenvolver a capacidade de reparar no que está perto e longe. Sem dúvida, o aspirador de folhas é barulhento e irritante, mas lembre-se de que o som mais perto de você é o de sua respiração. Evite distrações (feche a janela, por exemplo) tanto quanto puder e volte a se concentrar em sua respiração.

Vou neutralizar o drama agora.

O drama vem do conflito, da insegurança, do sofrimento. Talvez você tenha uma família em que a fofoca e as brigas sejam comuns. Ou talvez isso aconteça em seu local de trabalho. Essas dinâmicas em família e no trabalho podem ficar carregadas de tensão. Na tentativa de remediar a situação, você às vezes se vê forçado a se desligar de tudo. Isso pode ajudar até certo ponto, mas romper a sintonia ou afastar-se é apenas parte do processo. Procure ficar neutro em relação ao que acontece, para que o drama não o afete de nenhuma maneira. Em suma, observe sem ser absorvido.

Minha alma é grande e sirvo a meus semelhantes com compaixão.

Ser compassivo significa "amar aos outros como a si mesmo". A empatia, por outro lado, ocorre quando conseguimos ver o mundo pelas lentes de outra pessoa. Sem uma atitude consciente, a empatia pode até perturbar nosso senso de paz interior. Isso ocorre porque talvez tenhamos aprendido (inconscientemente) a assumir as emoções (medos e ansiedades) dos outros quando tentamos entender seu ponto de vista. Quando você se entrega de corpo e alma à vida, percebe que todos têm a mesma capacidade e resiste à tentação de se envolver com seus problemas e preocupações. Os outros podem resolvê-los sozinhos. Use esse mantra para se lembrar de quem é e de como pode servir a seus semelhantes com toda a alma.

Minha respiração é profunda; meu olhar é doce; estou em paz.

Ensinaram a você muitas coisas na infância: como amarrar os sapatos, escovar os dentes, ler e escrever. Mas pouca gente aprendeu a respirar. Isso, felizmente, está mudando, à medida que a atenção plena (e os mantras) vão se tornando mais conhecidos. Você não precisa ser treinado de modo formal para respirar de maneira correta: pode começar agora mesmo, recitando esse mantra. Inspire demorada e profundamente (dilatando a parte inferior do abdome) e expire devagar, longamente (contraindo o umbigo). Recite o mantra entre os dois movimentos. Faça isso cinco vezes.

Esqueço o medo excessivo de recaída. Posso controlar tudo agora.

Quando as pessoas encontram a paz, algo de interessante acontece com frequência. As que têm uma história de ansiedade podem começar a achar que algo de ruim logo virá comprometer a paz recém-conquistada. Isso acontece, sobretudo, com pessoas que passaram por um programa de recuperação – elas começam bem, mas logo desanimam. Esse mantra o ajudará a não ter mais medo da recaída. Saiba que é normal perder alguns dias, desde que você acabe por se recuperar.

10
Mantras para Novos Começos

> "Quer você acredite que pode fazer uma coisa ou não, você está certo."
> – Henry Ford

A cada Ano-Novo, milhões de pessoas no mundo inteiro se curvam à tradição dessa época de tomar resoluções para o ano seguinte. É quando resolvemos agir para melhorar a nós mesmos e beneficiar nossos semelhantes. Mas, segundo o Statistic Brain Research Institute, dos 45% de americanos que tomam resoluções, só insignificantes 8% conseguem cumpri-las. A verdade é: você não precisa esperar por um novo ano a fim de recomeçar. Com efeito, cada dia lhe dá a oportunidade do recomeço. Em vez de voltar aos velhos métodos para conseguir isso, permita que os mantras o apoiem no esforço de esquecer tudo e ir em frente.

Você pode estar se perguntando por que as resoluções fracassam e os mantras ajudam. O professor de Psicologia Peter Herman e seus colegas falam em uma "síndrome de esperanças falsas". As pessoas realmente querem mudar, mas, além de conceber objetivos inatingíveis, às vezes fazem afirmações em que de fato não acreditam. Como insistem mais na energia, os mantras podem ajudar você a mudar por dentro, alinhando sua vibração energética com aquilo que deseja obter na vida. Sim, as afirmações são uma boa ferramenta para preservar essa energia, mas, de início, o melhor é adotar uma verdadeira prática dos mantras. Eis como funciona. Devido à repetição é às qualidades meditativas, os mantras concentram nossa atenção na prática e não nas palavras em si. Nesta seção, você aprenderá vários mantras que tratam das transições naturais na vida. Aconselho-o enfaticamente a repeti-los com a máxima concentração, observando o efeito que produzem em seu corpo – as vibrações que carregam e as sensações que acaso despertem. Saiba que eles preparam a energia do seu corpo para a integração dessa nova maneira de ser. Escolha um ou dois e recite-os durante pelo menos trinta dias, seguindo as sugestões e orientações recebidas.

Dou boas-vindas ao dom deste dia.

Com uma coisa você pode contar: o sol nascerá e você terá a chance de um recomeço. E ver cada dia como um dom é uma das maneiras de começar de novo. Quando você traz acontecimentos passados para situações presentes, a vida se transforma numa luta. Essa mentalidade alimenta crenças como "Minha vida sempre foi difícil", dando-lhe a impressão de que ela é um fardo. Mas você sempre tem uma nova chance, que lhe é dada de graça. Aproveite-a e aceite o dia de hoje como um presente.

Estou evoluindo e mudando para melhor.

Esse mantra lembra-o de que, sendo feito de energia, você está sempre em movimento. Sabemos que as células têm a capacidade de se regenerar por si mesmas. Como seu corpo é constituído por milhões de células, você nunca é exatamente igual ao que foi no dia anterior. Considere a mudança parte de sua evolução. Esse mantra é um meio positivo de estimular a evolução de seu cérebro, sua mente, seu corpo e seu espírito.

A incerteza me desperta agora. Seguirei confiante esse caminho.

Não existe caminho certo ou errado. Todos eles levam ao coração. Viva com amor e seu caminho será iluminado. Como quase todos, não se surpreenda se o seu tiver curvas e ziguezagues. Permaneça focado no momento. Recite esse mantra quando começar a duvidar de suas decisões ou questionar suas capacidades. Isso não significa que você não mudará de ideia de tempos em tempo, mas deixe que isso faça parte do fluxo eterno da vida.

Tudo acontece para o meu bem.

Você já não pensou alguma vez que estava indo em uma direção, mas descobriu que estava indo em outra? Talvez tenha entrado para uma escola e sido transferido para outra. Ou pensou ter encontrado o parceiro de sua vida, mas depois seus sentimentos mudaram. Esse mantra é para ocasiões assim. Você está sempre sendo orientado. Resista ao impulso de comparar ou medir seu caminho pelo dos outros. Acredite que tudo tem um propósito maior.

Sou suficiente.

Com muita frequência, novos começos podem ser vistos como um jogo de Monopoly: um movimento em falso e é preciso recomeçar tudo. Por exemplo, você inicia um novo negócio e, de súbito, fica com medo de não ter experiência suficiente. Ou então acaba de ser mãe e se sente esmagada pela responsabilidade. Faça uma pausa, inspire pelo nariz e expire pela boca. Procure ficar calmo. Conecte-se ao coração e recite esse mantra em voz alta.

Essas sensações agora percorrem meu ser suavemente. Obrigado.

Novos começos são muitas vezes acompanhados de expectativas e pressões. Essas percepções drenam sua energia, dando-lhe a impressão de que novos começos são difíceis, uma verdadeira luta. Muitas pessoas podem estar torcendo por você... enquanto você mesmo se mostra seu crítico mais impiedoso. Isso talvez aconteça porque pôs na cabeça que as coisas têm de ser difíceis, pois de outro modo parece que você não está trabalhando o bastante. Assim, alimenta expectativas que o esgotam. Por exemplo, se entrou para uma nova escola, espera que as aulas sejam tão difíceis que não terá tempo para si mesmo? Se montou uma empresa, preparou-se para trabalhar até a exaustão? Procure respirar e mergulhar no sentimento que há por trás do mantra. Considere seu corpo um filtro que elimina todas as crenças e os pensamentos impuros.

De livre vontade direciono minha consciência e minha atenção para a fonte infinita de energia que eu sou. Eu sou confiança, amor e liberdade.

Se você acha que outras pessoas ou situações o estão controlando, então esse mantra é para você. Conheci muita gente que renunciou a controlar a própria vida. Faça três perguntas a si mesmo agora: quando sei que estou no controle? Confio em informações dos outros? Há algo que procuro ou que acredito ser necessário para alcançar meus objetivos? Imagine que seu livre-arbítrio seja uma poça de água. Quanto mais atenção e energia você usa para obter orientação e aprovação dos outros, mais essa poça aumenta. Seu livre-arbítrio é ilimitado; não tem fim. Vai longe, vai fundo. É grande e forte. Você pode escolher quais áreas de sua vida gostaria de aperfeiçoar. A energia se intensifica com a atenção. Assim, concentre-se em si mesmo e altere esse padrão recitando o mantra com voz forte e clara, várias vezes ao dia. Expire ao final da recitação.

Reservo um tempo para ingerir e degustar o alimento que agora me nutre. Obrigado.

A resolução número um de Ano-Novo da maioria das pessoas é emagrecer. Se for também a sua, saiba que ela representa uma oportunidade de mudar e melhorar sua relação com a comida. Preste bastante atenção ao modo como vê (e julga) o que come e às palavras que usa para descrever seu alimento. Por exemplo, pensar nele como bom ou ruim, prejudicial ou saudável talvez não seja tão útil quanto possa parecer. Reflita um pouco. O que acontece quando você se permite ingerir algo que considera alimento "prejudicial"? Provavelmente vai se sentir um fraco, um incapaz e, em muitos casos, um fracassado. Em vez de comparar e contrapor alimentos, preste atenção a esse mantra. A hora de comer não é para suscitar críticas; é para pensar em gratidão, nutrição e (sejamos francos) prazer. Esse mantra o estimula a diminuir o ritmo, respirar, examinar suas escolhas e tomar consciência delas.

Digo "sim" à atividade diária.

É tentador eliminar o exercício de nossa lista de afazeres. Isso ocorre, sem dúvida, porque o vemos como uma atividade que consome nosso tempo e nossa energia, sem nos oferecer saúde e bem-estar. Mas ouça o que lhe digo: o exercício não tira nada de você; as expectativas, sim. Mesmo que você não faça ginástica todos os dias, ainda pode subir as escadas em vez de pegar o elevador. Esse mantra o estimula a esquecer o senso de obrigação (os "preciso fazer" e os "não tenho tempo"). Ele o anima, convencendo-o a dizer "sim" ao movimento.

Sou a luz da perfeição. Meu filho é a luz da perfeição. Minha família é, agora, a luz da perfeição.

Ser pai ou mãe pode ser tudo, menos uma jornada de perfeição. Na verdade, ela é sempre marcada de falhas. Nada é o que você pensava ser. De repente, aquela bonita camisa branca que você vestia não serve mais e pode mesmo estar cheia de manchas. Mas não é só a aparência exterior que muda. Finanças, agenda e vida sexual também ficam de pernas para o ar. Desista de fazer o que fazia antes. Esse mantra o estimula a substituir a perfeição pela presença. Concentre-se em sua luz e tenha a certeza de estar numa jornada já percorrida por muitos.

A vida acontece para mim. Estou sempre sendo orientado e guiado.

Às vezes, novos começos surgem do nada. Por exemplo: a perda repentina do emprego, a mudança da situação atual ou uma falência súbita. Se você parar um pouco para refletir sobre os desafios que enfrentou, perceberá que, muitas vezes, eles foram os melhores momentos para você crescer. Esse mantra o lembra de que a vida não acontece *a* você, mas *para* você. Você está sempre sendo orientado e guiado.

Permito que a purificação ocorra por meio de mim, fortalecendo minha presença "eu sou".

Novos começos são a oportunidade para uma boa limpeza do ambiente que o cerca. Atos simples como arrumar uma gaveta, organizar o guarda-roupa ou mudar a posição dos móveis podem fazer uma enorme diferença. A bagunça realmente congestiona a energia. Observe quais espaços à sua volta poderiam passar por uma "limpeza de primavera", não importa qual seja a estação do ano. Fracione a tarefa em etapas razoáveis, talvez duas gavetas por dia. Não tenha medo de jogar fora ou doar alguns objetos. Você ficará surpreso ao constatar quanta energia ganhará com isso. Deixe que esse mantra o ajude no processo.

Escolha é liberdade.
Eu escolho _____.

Ficar de mãos atadas significa que você supõe ter poucas escolhas. Atente para as palavras que costuma usar ao descrever sua situação. Se diz coisas como "eu preciso" ou "eu deveria", então é bem provável que esteja se sentindo impotente. Esse mantra vai ajudá-lo a remover quaisquer obstáculos que imagina estarem atravancando seu caminho e substituí-los por uma asserção de poder. Por exemplo, em vez de dizer "Tenho de ir trabalhar", diga "Escolho ir trabalhar". Essa frase lhe dá mais energia e devolve-lhe o comando, como coparticipante na criação das experiências de sua vida.

Essa oportunidade me aproxima, agora, de minhas aspirações. Sou grato a ela.

Carreira e emprego não são as mesmas coisas. Emprego é aquilo que você desempenha para se sustentar e ganhar dinheiro com vistas a uma carreira. Alguns empregos evoluem para uma carreira. Não é incomum ter vários empregos antes de começar a fazer carreira. Em suma: os empregos, mesmo não relacionados às suas aspirações, são muitas vezes as sementes e os brotos que vão se transformar numa carreira. Eles lhe ensinam valiosas habilidades que vão ser úteis mais tarde.

Gosto de aprender e assumo plena responsabilidade por minha educação.

Frequentar uma nova escola não é fácil em nenhuma idade. Esse mantra estimula-o a assumir plena responsabilidade por suas escolhas, ainda que você não esteja muito seguro do que escolheu. Ter um pé dentro e outro fora apenas confundirá sua energia. Recite o mantra como uma maneira de agarrar essa oportunidade. Assegure-se de que ele lhe seja proveitoso tendo-o em mente ao respirar, como se soprasse uma bolha. De outro modo, as palavras perdem o sentido. Veja-se como uma totalidade na mente, no corpo e no espírito. Acelere o processo mostrando-se dinâmico para com sua agenda, seus professores e suas escolhas.

O amor e a luz preenchem todos os espaços desta casa, agora.

Antes de atulhar um espaço com coisas (móveis e objetos pessoais, por exemplo), recite um mantra para abençoar sua casa. Isso é bem diferente de uma bênção religiosa, dada costumeiramente por um pastor ou padre. Sente-se por alguns instantes em cada cômodo. Feche os olhos e visualize uma luz branca preenchendo o espaço. Você também pode recitar esse mantra logo depois de mudar-se para uma casa. Siga as instruções e firme sua intenção permanecendo no momento presente antes de recitar.

Os sentimentos mudam.
Deus e o amor são infinitos.

O amor está sempre presente, mesmo quando não o sentimos. Isso ocorre porque ele é uma energia de alta vibração que nos conecta ao nosso espírito. O casamento pode ser maravilhoso, excitante. Quando você vive com outra pessoa (partilhando objetivos, dificuldades e sonhos), pode, com o tempo, tornar-se sensível à energia dessa pessoa. Por exemplo, se seu parceiro teve um dia ruim, você, sem o perceber, começa a se sentir mal também. Esse mantra lhe proporciona um meio de louvar seu casamento e sentir-se amparado por sua fé.

> Graças à minha presença "eu sou", aceito e abençoo a completude desse casamento. Que o excesso de raiva, ressentimento e decepção se transformem em amor incondicional. Assim seja.

Casamentos não terminam; completam-se. No fundo, quase todos os casamentos são contratos sagrados que, segundo alguns, foram feitos antes de chegarmos a este mundo. Nem todos, porém, se completam por acordo mútuo. Seja como for, a separação é sempre triste e dolorosa. Mesmo que você se afaste física e financeiramente, emoções penosas permanecem, levando à ambivalência e à desconfiança. Que esse mantra o ajude a curar-se, para que possa abrir o coração e começar de novo.

11
Mantras Sagrados

> "Os mantras são senhas que transformam
> o mundano no sagrado."
> – Deva Premal

Os mantras desta seção vêm sendo preservados há milhares de anos. Conforme discutido no Capítulo 1, eles se baseiam em sons seminais. Cada um desses sons corresponde a um de nossos centros energéticos (chakras). Assim como ocorre nas línguas, há múltiplas variações nos sons seminais. Os que sugiro que sejam aprendidos antes de ir adiante nesta seção são: *Lam, Vam, Ram, Yam, Ham* e *Om*. Saindo da base da espinha, esses sons sobem pelo corpo até o alto da cabeça. *Lam* começa na base (área pélvica), *Vam* está abaixo do umbigo, *Ram* está na seção média, *Yam* está em volta do centro cardíaco, *Ham* está na área da garganta/do peito e *Om* está no espaço entre as sobrancelhas.

Considere esses sons uma introdução aos mantras apresentados neste capítulo. Tal como ocorre na afinação de um instrumento musical, os sons seminais afinam sua percepção da vibração sagrada produzida pelos mantras. Recite-os em voz alta três vezes em sequência (*Lam, Vam, Ram, Yam, Ham, Om*), faça uma pausa e repare nas sensações. Elas são o sinal de que seu corpo está se sintonizando com essa alta vibração. Provavelmente, você experimentará de imediato uma espécie de movimento interior. Continue com essa sintonia diária, incorporando alguns dos mantras que se seguem.

Examine a lista e selecione um para recitar durante quarenta dias. Se, a determinada altura, você se sentir cansado, pare por um dia ou dois. Imagine que os mantras sagrados sejam uma fogueira. Toda vez que entoa uma série (108 vezes), está jogando lenha na fogueira. Se esta ficar grande demais, pare um pouco e deixe-a queimar sozinha por alguns instantes.

Por fim, ao entoar mantras, você não precisa estar no comando. Ou seja, não precisa conduzir a experiência: seu corpo fará isso. Ele pegará aquilo de que tem necessidade e se ajustará à situação. Limite-se a confiar na experiência, a senti-la e a se mostrar grato por ela.

Nas pronúncias abaixo, todos os "h" devem ser pronunciados de forma aspirada e audível, com exceção dos que vêm depois do "s", com o qual se compõem para formar o som de "x" em "xícara".

Lokah Samastah Sukhino Bhavantu

Pronúncia: lô-ká-ha sa-mas-tá-ha su-khí-no bha-van-tu.

Tradução: "Possam todos os seres, em toda parte, ser felizes e livres; possam os pensamentos, as palavras e os atos de minha própria vida contribuir de algum modo para essa felicidade e essa liberdade geral".

— Traduzido por Sharon Gannon,
cofundadora do Jivamukti Yoga.

Esse mantra nos lembra que ninguém estará realmente livre do sofrimento até que *todos* o estejam. É um belo cântico para ensinar às crianças ou utilizar como meio de promover a felicidade no mundo inteiro. Considerando-se o terror a que nós e nossos filhos estamos expostos, concretamente ou por intermédio da mídia, o cântico nos oferece uma ferramenta tangível para superar os pesados sentimentos que essas imagens e experiências veiculam. Lembre-se: o medo não se sustenta na presença do amor. Os dois não podem coexistir.

Om Ram Ramaya Namaha

Pronúncia: aum ram ra-máya na-má-ha.
Tradução: Ofereço estas palavras a Rama, cuja perfeição está em todos nós.

Esse mantra desperta e equilibra a energia adormecida na área do plexo solar (umbigo) e nos lados direito e esquerdo do corpo. *Ram*, em sânscrito, é o som seminal para a área do umbigo (chakra manipura); pode ser traduzido como "aquele que dá felicidade (divina)". Esse mantra é especialmente útil para quem sofre de ansiedade e depressão. Sabe-se que ele equilibra o sistema nervoso. Quanto à palavra *Rama*, segundo *Mantras que Curam*, *Ra* desce pelo lado direito do corpo (corrente solar), enquanto *Ma* (corrente lunar) desce pelo esquerdo. As duas correntes se cruzam no centro. Se você está se sentindo esgotado ou costuma apelar para os pensamentos a fim de resolver problemas, organizar ou controlar situações, esse mantra pode ser uma boa dica para sua prática diária.

Se tiver mais de 25 anos, modifique o final do mantra, substituindo *Namaha* por *Swaha*, pois as energias do corpo mudam após essa idade.

Om Klim Kalika – Yei Namaha

Pronúncia: aum klim ka-li-ká-ye na-má-ha.
Tradução: "Saúdo Kali e peço a ela para equilibrar e ajustar rapidamente uma situação ou um relacionamento".

– Do *Shakti Mantras*

O ego vive de medo, não de amor. É a parte de você que questiona, duvida e se preocupa. Isso suprime qualquer conexão com o amor. O mantra invoca a deusa hindu Kali, conhecida por ser implacável no combate ao mal. Recorremos a ela para que nos proteja da negatividade com sua força e nos livre das amarras do ego.

Note que o mantra inclui os sons seminais de *Om* e *Klim*. Entoado sozinho, *Klim* é um mantra para o desenvolvimento espiritual. Ele estimula a parte inferior do nosso corpo, fazendo-nos sentir mais equilibrados, calmos e criativos. Cante-o quando estiver preso a pensamentos negativos ou precisar que as coisas cheguem a certo ponto antes de aceitá-las. Esses pensamentos se baseiam no ego; e, se você renunciar ao ego, sua jornada espiritual se aprofundará.

Om Tare Tuttare Ture Swaha

Pronúncia: aum tá-re tu-tá-re tú-re svá-ha.
Tradução: "*Om* e saudações a Ela (Tara), fonte de todas as bênçãos".

– Do *Shakti Mantras*

No hinduísmo e no budismo tibetano, Tara é a mãe divina. A Tara Branca, a quem esse mantra se refere, é muitas vezes mencionada como mãe do Buda. Ela pode ser invocada para proteção e profunda compaixão, duas qualidades que a tornam muitíssimo poderosa. Há outros aspectos de Tara que se manifestam por meio de outras cores, como Tara Verde, Tara Rosa e Tara Castanho-Claro. Enfatizo Tara Branca porque ela é um bom começo. Descobri que, inegavelmente, Tara Branca não só nos protege da energia negativa como a remove. Invoque-a quando quiser limpar um espaço, como sua casa ou seu local de trabalho, de energia negativa e pesada.

He Ma Durga

Pronúncia: hê má dúr-ga.
Tradução: "Reverencio sempre a Deusa que se manifesta em todas as criaturas como força e poder".

– De BhaktiBreakfastClub.com

He equivale a "Oh" em nossa língua. *Ma*, em sânscrito, significa "mãe". *Durga* pode ter a acepção de energia transformadora (deusa). Esse mantra se refere à energia feminina divina (por exemplo, Mãe Maria). É cantado como uma maneira de eliminar partes de nossa personalidade que já não nos servem, inclusive impaciência, autocrítica, julgamento e ciúme. Cante-o como uma forma consciente de se livrar dos aspectos de sua personalidade que possam estar interferindo em sua capacidade de perceber a verdade e como um recurso para se aproximar do ser divino que você é. Sim, sua personalidade pode ser mudada – nada é fixo, a menos que você o permita.

Om Gam Ganapataye Namaha

Pronúncia: aum gam ga-na-pa-tá-ye na-má-ha.

Tradução: Desperte a energia localizada no chakra da raiz (região do assoalho pélvico) e remova todos os obstáculos, recorrendo à formidável energia de Ganesha.

Ganesha é um dos mais reverenciados deuses hindus. Costuma ser invocado e louvado sobretudo por pessoas que estão iniciando uma atividade ou uma empresa. É muitas vezes representado como uma cabeça de elefante num corpo humano. Por nos ajudar a remover todos os obstáculos, é conhecido como o senhor da boa fortuna. Ele destrói o orgulho, a vaidade e o egoísmo. Dito isso, na cultura hindu, Ganesha é um símbolo de abundância e pode ajudar você a alcançar seu objetivo. Entoe esse mantra quando estiver começando algo novo e não tenha dúvidas de que Ganesha o apoiará nesse empreendimento.

Har Har Mukanday

Pronúncia: har har mu-kan-de.
Tradução: O criador infinito me liberta.

Har vem da palavra *Hari*, que significa "Deus". *Mukanday* se refere aos nossos aspectos libertadores. Uma das melhores maneiras de experimentar esse mantra é por meio da música. Vários artistas, como Mirabai Ceiba, têm obras desse tipo (disponíveis no iTunes). É um mantra muito relaxante. Quando você o recita, pede ao criador para libertá-lo daquilo que já não lhe serve. Durante a recitação, confie em que seu criador (Deus ou outra entidade com a qual você se identifique) sabe exatamente do que você precisa ser libertado.

Om Hrim Taha

Pronúncia: aum hrim tá-ha.
Tradução: Elimino esse calor (cólera) em mim por meio da energia da luz.

A cólera tem inúmeras expressões. Algumas pessoas usam a palavra "frustração" para descrevê-la porque essa emoção é mais bem aceita socialmente. Com respeito a esse mantra, não importa que você tenha pavio curto ou expresse sua raiva de maneira contida (dizendo, por exemplo, "Não ligue, estou bem"). Ao recitar o mantra, saiba que seu corpo irá assimilá-lo e ajustar-se às suas necessidades. Você pode, no entanto, equilibrar-se recorrendo à respiração e, se quiser, à visualização.

Nesse caso, imagine-se comprimindo a tecla Delete do seu computador ou desligando seu forno. Os sons, nesse cântico, diminuem o calor para que você possa pensar apropriadamente e com clareza. Sugiro que o entoe quando não estiver zangado, pois assim conseguirá memorizá-lo. E quando a cólera o invadir, poderá utilizá-lo como recurso para se controlar.

Om Shanti

Pronúncia: aum shan-ti.
Tradução: Consciência infinita de paz, calma e bem-aventurança para todos, em toda parte.

A palavra *shanti* pode significar "paz", "bem-aventurança" e "calma" para todos, de todas as maneiras. A tradição recomenda que esse cântico hindu seja repetido no mínimo três vezes: uma para o corpo, uma para a fala e uma para a mente. O cântico remove tudo que interfere com a paz. Use-o para purificar as palavras que saem de sua boca. Você pode também entoar *Om Shanti* antes de enviar um e-mail, dar um telefonema, entrar numa loja ou iniciar uma tarefa qualquer. Ele remove tudo quanto possa perturbar interações pacíficas.

Sa Ta Na Ma

Pronúncia: sá tá ná má.
Tradução: O ciclo completo que começa com o universo e se transforma em vida, morte e renascimento.

Esse mantra tem o poder de eliminar hábitos e vícios. Ele reorganiza de fato a mente subconsciente, removendo crenças e emoções que alimentam esses impulsos e compulsões. Segundo o autor Ramdesh Kaur: "Sa Ta Na Ma ajuda a regular e tranquilizar a mente, descontraindo-a e sincronizando-a de novo". Esse mantra também é ótimo para apurar a intuição e estimular a mudança.

Snatam Kaur, um músico espiritual conhecido como "Voz de Anjo", canta uma bela versão desse mantra. Ela pode ser encontrada no iTunes e no YouTube.

Shrim

Pronúncia: shrim.

Tradução: "*Shrim* é um som seminal especial que indica criatividade, bênçãos, graça, entrega e paz. Reflete a energia da lua, a natureza feminina, a receptividade e o poder de Lakshmi, a força da Divina abundância e da prosperidade".

– Do *Chopra Center*

Esse mantra é o som seminal para a abundância. Relaciona-se com a deusa hindu Lakshmi. *Shrim* soa mais ou menos como a palavra inglesa *stream* (corrente, riacho), significando fluxo de abundância. Lakshmi é a deusa hindu da riqueza e da prosperidade, tanto materiais quanto físicas.

Como o mantra é constituído por uma única palavra, nada mais fácil que o incorporar à vida cotidiana. Eu mesma o entoo ao dirigir ou quando começo a pensar em carência. Tente perceber como você interage com a abundância. Qual a sua reação quando vê um belo carro ou uma família com muitos filhos? Essas experiências diárias muitas vezes refletem bloqueios de abundância. Observe-as sem julgá-las. Respire e cante *shrim* para ajudá-lo a superar medos e ansiedades.

Om Mani Padme Hum

Pronúncia: aum ma-ni pád-me hum.
Tradução: Possam esses obstáculos ser eliminados ao surgir e eu me conciliar com meu eu divino.

Ah, como gosto desse mantra! Ele é multifacetado. Remove obstáculos e evoca compaixão. Eu o cantei por cerca de trinta dias (108 vezes diariamente) quando surgiu a oportunidade de escrever este livro.

Remover obstáculos é uma coisa; removê-los com compaixão é outra. Assim, não é de surpreender que esse cântico esteja associado a Kwan Yin, a deusa da compaixão. Kwan Yin pede que reflitamos sem julgar. O mantra o ajudará a aceitar todas as mudanças com respeito, amor e ternura.

Aham Prema

Pronúncia: a-ham prê-ma.
Tradução: Eu sou o amor divino.

Esse mantra evoca o amor divino que existe em você. Contudo, para se apaixonar verdadeiramente, você precisa, primeiro, aprender a amar-se e respeitar-se. Antes de lançar por escrito ou visualizar o parceiro ideal que deseja trazer para sua vida, cante esse mantra por um período de quarenta dias. Procure se conhecer como luz e amor divinos. Permita que o cântico transforme quaisquer crenças, emoções ou eventos que distraíram ou sepultaram a lembrança de você mesmo como amor. Você pode sentir que precisa encontrar o amor; mas o cântico lhe diz que você já é tudo isso e muito mais. Ao entoá-lo, visualize belos tons de verde, rosa e vermelho em volta do centro do seu coração.

Om Sri Rama Jaya Rama Jaya Jaya Rama

Pronúncia: aum shri râ-ma já-ya râ-ma já-ya já-ya râ-ma.
Tradução: "*Om* e Vitória a Rama (o eu interior), vitória, vitória a Rama".

— De SanskritMantra.com

Conta-se que o Mahatma Gandhi praticou esse mantra por mais de sessenta anos, tendo-o aprendido de sua ama quando ainda era pequeno. Não é, pois, de estranhar que ele tenha conduzido seu país à independência liderando um movimento pacífico, de medidas não violentas. *Om* é o som seminal para a consciência universal, *sri* é um mantra que louva e ativa o poder feminino, *rama* se refere ao eu divino dentro de nós e *jaya* significa "vitória".

Om Namah Shivaya

Pronúncia: aum nâ-ma shi-vá-ya.
Tradução: "*Om* e saudações àquilo que sou capaz de me tornar".

– De SanskritMantra.com

Esse mantra serve para muitas coisas e uma delas é a cura dos equívocos nos relacionamentos. Segundo *Mantras que Curam*, ao entoá-lo, você deve se conscientizar de que está pedindo o esclarecimento de todos os atritos, a fim de ter empenho suficiente para se concentrar em boas intenções. As duas sílabas *na* e *mah* podem ser traduzidas por "Reverencio-o humildemente". As três sílabas *shi-va-ya* invocam o Senhor Shiva. O Senhor Shiva, um dos deuses mais poderosos e complexos da cultura hindu, é conhecido por seus ensinamentos sobre autocontrole e disciplina. Por certo, essas qualidades são essenciais para resolver pacificamente conflitos e desentendimentos.

Om Sri Dhanvantre Namaha

Pronúncia: aum shri dan-van-tre na-má-ha.
Tradução: Saudações ao divino curador.

Esse cântico é um pedido para que sejam aprimoradas suas capacidades mentais, físicas e emocionais. Talvez por isso *Mantras que Curam* explique: "Nos lares tradicionais do sul da Índia, as mulheres entoam esse mantra enquanto preparam a comida, para lhe infundir as poderosas vibrações de cura que afastam as doenças". Estenda as mãos sobre a refeição que vai servir e recite o mantra. Diga-o uma vez e faça uma pausa, mantendo as mãos estendidas sobre a comida por alguns segundos. Se está cuidando de alguém doente, talvez queira fazer as 108 repetições diárias para fortalecer sua capacidade de cura. Esse é um mantra excelente para enfermeiras, médicos e agentes de cura.

Sat Nam

Pronúncia: sat nam.
Tradução: Verdade é meu nome. Verdade é minha identidade.

Quando cumprimos rotinas e agendas, começamos facilmente a nos identificar com os papéis que nossas funções requerem. Talvez você se veja, primariamente, como mãe, filho, filha, pai, estudante, provedor, amigo, patrão ou empregado. Ou, então, aceite os rótulos usados para descrevê-lo. Por exemplo, se foi diagnosticado com um problema de saúde (ansiedade, transtorno de déficit de atenção ou qualquer outro), você provavelmente atribui esse rótulo a si mesmo. Pode ser que, em sua opinião, as pessoas o consideram preguiçoso, superprotetor ou teimoso. Esses rótulos o impedem de se ver tal qual é, de constatar sua verdadeira identidade. O mantra remove as camadas (rótulos) de ilusão, conduzindo-o à verdade daquilo que você realmente é. Você é um criador, você é energia, você é liberdade.

Om Sri Maha Lakshmiyei Swaha

Pronúncia: aum shri má-ha la-ksh-mí-ye svá-ha.
Tradução: "*Om* e saudações. Eu Invoco o Grande Princípio Feminino da Grande Abundância".

— De *Mantras que Curam*

Conheci a Deusa Lakshmi numa feira de artesanato, quando comprei um colar com sua efígie. Mal sabia, na ocasião, quão poderosa ela é. Hoje, chamo-a de minha melhor amiga. Lakshmi é a grande deusa da riqueza e da prosperidade. Traz sorte a todos quantos se disponham a invocá-la por um mínimo de quarenta dias. Quando você recita esse mantra, está pedindo abundância em tudo: saúde, finanças, amizades, amor, alimento etc. Mas não precisa pôr o foco em si mesmo ao recitá-lo. O que você pede é a presença dessa energia superior e sua partilha pelas vidas de seus semelhantes. Se você tem 25 anos ou menos, termine o cântico com *Namaha*, em vez de *Swaha*.

Bibliografia

Adiswarananda, Swami. *Meditation & Its Practices.* SkyLight Paths. Woodstock, VT. 2003, pp. 95, 128.

Ashley-Farrand, Thomas. *Chakra Mantras.* Weiser Books. São Francisco, CA. 2006, p. 158.

_____. *Healing Mantras.* Ballantine Wellspring. Nova York, NY. 1999, pp. 48, 112, 121, 143, 151, 208. [*Mantras que Curam*, publicado pela Editora Pensamento, São Paulo, 2001. [Fora de catálogo].

_____. *Shakti Mantras.* Ballantine Books. Nova York, NY. 2003, p. 137.

Atkins, Charles. *Modern Buddhist Healing.* Nicolas-Hays. York Beach, ME. 2002, pp. 10, 38.

Bhajan, Yogi. "Science of Mantra Meditation." HariSingh.com. www.harisingh.com/ScienceOfMantra.htm.

Chopra, Deepak. "What Is Primordial Sound Meditation?" The Chopra Center. www.chopra.com/ccl/what-is-primordial-sound-meditation.

Dweck, Dr. Carol. *Mindset Works.* "The Science." www.mindsetworks.com/webnav/whatismindset.aspx.

Feuerstein, Georg. "200 Key Sanskrit Yoga Terms." "Prasada." *Yoga Journal*, 28 de agosto de 2007. www.yogajournal.com/article/beginners/200-key-sanskrit-yoga-terms.

Fosar, Grazyna e Franz Bludorf. "Scientists Prove DNA Can Be Reprogrammed by Words and Frequencies."

Wake Up World. http://wakeup-world.com/2011/07/12/scientist-prove-dna-can-be-reprogrammed-by-words-frequencies.

Gallo, Andrea. "Gayatri Mantra... The Essence of All Mantras." www.mestizamalas.com/#!mantras/cbe2.

Gannon, Sharon. *Insight State*. "Lokah Samastah Sukhino Bhavantu – May All Beings Be Happy and Free." www.insightstate.com/video/lokah-samastah-sukhino-bhavantu.

Hagen, Steve. *Buddhism Plain & Simple*. Broadway Books. Nova York, NY. 1997, p. 51. [*Budismo Claro e Simples*, publicado pela Editora Pensamento, São Paulo, 2002.]

Happify Daily. "The 5 Skills That Will Increase Your Happiness." http://my.happify.com/hd/the-5-skills-that-will-increase-your-happiness.

Kaur, Ramdesh. "3 Mantras to Help Insomnia." *Spirit Voyage*, 22 de maio de 2012. www.spiritvoyage.com/blog/index.php/3-mantras-to-help-insomnia.

Kiyosaki, Robert. "The Definition of Wealth." *Rich Dad*, 28 de maio de 2013. www.richdad.com./Resources/Rich-Dad-Financial-Education-Blog/May-2013/the-definition-of-wealth.aspx.

Konrath, Sara. "How Volunteering Can Lessen Depression and Extend Your Life." *Everyday Health*. www.everydayhealth.com/depression/how-volunteering-can-lessen-depression-and-extend-your-life.aspx.

Mall, Sarin. "How to Change Body Forms by Chanting AUM or Mantra." Mallstuffs.com, 20 de março de 2014. www.mallstuffs.com/Blogs/BlogDetails.aspx?BlogId=375&BlogType=Spiritual&-Topic=How%20to%20change%20body%20forms%20by%20chanting%20AUM%20or%20mantra.

Marae, Zoe. https://zoegraphy.myshopify.com.

McGonigal, Kelly. *The Upside of Streets*. Penguin Publishing Group. Nova York, NY. 2015.

McQuaid, Michelle. "Ten Reasons to Focus on Your Strengths". *Psychology Today*, 11 de novembro de 2014. www.psychologytoday.com/blog/functioning-flourishing/201411/ten-reasons-focus-your-strengths.

Murphy, Brendan D. "Junk DNA: Our Interdimensional Doorway to Transformation." *World Mysteries,* 8 de setembro de 2014. http://blog.world-mysteries.com/science/junk-dna-our-interdimensional-doorway-to-transformation.

Price-Mitchell, Marilyn. "Does Nature Make Us Happy?" *Psychology Today*, 27 de março de 2014. www.psychologytoday.com/blog/the-moment-youth/201403/does-nature-make-us-happy.

Rajhans, Gyan. "The Power of Mantra Chanting." About.com. http://hinduism.about.com/od/prayersmantras/a/mantrachanting.htm.

Ram, Dass e Rameshwar Das. *Polishing the Mirror: How to Live from Your Spiritual Heart.* Sounds True. Boulder, CO. 2013, p. 3.

Rankin, Lissa, MD. *Mind Over Medicine.* Hay House. Nova York, NY. 2013, pp. 8, 147.

Rinchen, Geshe Sonam. *The Heart Sutra.* Tradução de Ruth Sonam. Snow Lion Publications. Ithaca, NY. 2004, pp. 69, 71, 79, 80.

The Healers Journal. "How to Use Sacred Mantras to Harmonize Brain Function and Balance the Chakras", 16 de julho de 2013. www.thehealersjournal.com/2013/07/16/sacred-mantras-harmonize-brain-function-balance-chakras.

Toohill, Kathleen. "What Negative Thinking Does to Your Brain." Attn.com. 31 de julho de 2015. www.attn.com/stories/2587/what-negative-thinking-does-your-brain.

Vitale, Doutor Joe. "I Love You, I'm Sorry, Forgive Me, Thank You, Ho'oponopono." WantToKnow.Info. Citado pelo doutor Ihaleakala Hew Len. www.wanttoknow.info/070701imsorryiloveyoujoevitale.

Williams, Ray. "Why New Year's Resolutions Fail." *Psychology Today*, 27 de dezembro de 2010. www.psychologytoday.com/blog/wired-success/201012/why-new-years-resolutions-fail.

RECURSOS NA INTERNET

About.com. "The Gayatri Mantra." http://hinduism.about.com/od/prayersmantras/a/The-Gayatri-Mantra.htm

Bhakti Breakfast Club. "Hey Ma Durga." www.bhaktibreakfastclub.com/mantraglossary44

Healthandyoga.com. "Mantras for You." www.healthandyoga.com/html/news/contentpage.aspx?book=rootfolder&page=mantra1

Humanity Healing University. "Om Gam Ganapataye Namaha." http://humanityhealing.net/2012/01/om-gam-ganapataye-namaha/

Kaur, Shakta. HariSingh.com.Videoclipe do doutor Robert Svoboda. www.harisingh.com/ScienceOfMantra.htm

Motherhouse of the Goddess. "Om Mani Padme Hum". Tradução. http://themotherhouseofgoddess.com/2014/11/03/mantra-monday-om-mani-padme-hum-heart-chakra-work-with-the-goddess- kuan-yin

Project Happiness. "Science of Happiness." https://projecthappiness.com/the-science-of-happiness

StatisticBrain.com. "New Years Resolution Statistics." www.statisticbrain.com/new-years-resolution-statistics

SanskritMantra.com. "Some Simple Mantras for Those Just Starting Out", especificamente: Om Sri Rama Jaya Rama, Jaya, Jaya Rama. www.sanskritmantra.com/article_info.php/some-simple-mantras-for-those-just-starting-out-a-12

The Chopra Center. "Using Shakti Mantras to Enhance Your Primordial Sound Mantra Practice." Boletim de junho de 2013. www.chopra.com/teacher/jun13/vedic

The Energy Healing Site. "Chakra Tones." www.the-energy-healing-site.com/chakra-tones.html

Thittila, the Late Venerable Ashin. "Buddhist Metta." www.abuddhistlibrary.com/Buddhism/B%20-%20Theravada/Teachers/Sayadaw%20U.%20Thittilla/Buddhist%20Metta/Buddhist%20Metta.htm

Wildmind Buddhist Meditation. "Definition of Mantra Meditation." www.wildmind.org/mantras/definition

RECURSOS PARA JAPAMALAS

Gillian Hurrie
www.gillianhurrie.com/store/c1/Featured_Products.html

RECURSOS PARA MÚSICA ESPIRITUAL (ENCONTRADOS NO ITUNES)

Alicia Mathewson. Álbum *Wise Innocence*. AliciaMathewson.com. Deva Premal: "Aham Prema".

Krishna Das.

Mirabai Ceiba: "Har Mukanday".

Snatam Kaur tem uma bela versão de "As Ta Na Ma".

GRUPO EDITORIAL PENSAMENTO

O Grupo Editorial Pensamento é formado por quatro selos:
Pensamento, Cultrix, Seoman e Jangada.

Para saber mais sobre os títulos e autores do Grupo
visite o site: www.grupopensamento.com.br

Acompanhe também nossas redes sociais e fique por dentro dos próximos
lançamentos, conteúdos exclusivos, eventos, promoções e sorteios.

editoracultrix
editorajangada
editoraseoman
grupoeditorialpensamento

Em caso de dúvidas, estamos prontos para ajudar:
atendimento@grupopensamento.com.br

Pensamento Cultrix SEOMAN JANGADA
GRUPO EDITORIAL PENSAMENTO